Laurence J. Peter

Die Peter-Pyramide

EBGO: die **E**inheitlich **B**ürokratische **G**rund**O**rdnung

Mit 46 Cartoons
von Matt Wuerker

Deutsch von Hainer Kober

Wunderlich

Die Originalausgabe erschien 1986 unter dem Titel
«The Peter Pyramid or, Will We Ever Get the Point?»
Im Verlag William Morrow and Company, Inc., New York
Umschlag- und Einbandgestaltung Manfred Waller
(Zeichnung Matt Wuerker / Kolorierung Georg Meyer)
Foto des Autors: Marilyn Gordon

1. Auflage März 1987

Gesetzt aus der Garamond (Linotron 202)
Gesamtherstellung Clausen & Bosse, Leck
Printed in Germany
ISBN 3 8052 0432 9

Für Sid Taylor
in Anerkennung für sein Konzept
der Systemvereinfachung

Inhalt

5 Perfekte Pyramiden

Wie sich die bürokratische Expansion durch die Schaffung einfacher, leistungsfähiger und wirkungsvoller Systeme stoppen läßt.

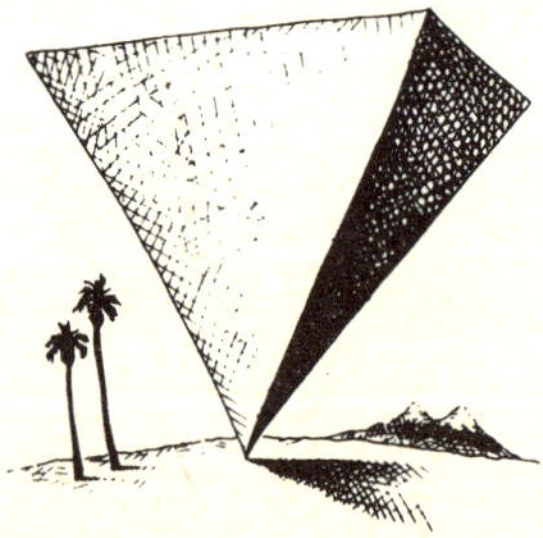

I
Pyramiden-(Para-)Psychologie

«Die Zukunft wird nicht sein,
was sie mal war.»
– Arthur C. Clarke

Wir leben in einer wunderbaren Welt, die unseren Bedürfnissen ideal entgegenkommt. Wir müssen nicht alle Dinge und alle Wesen gutheißen, um zu der Überzeugung zu gelangen, daß die Welt im großen und ganzen ein ausgezeichneter Ort ist, der uns am Leben hält, wobei er das Maß an Widerstand bietet, das erforderlich ist, um unseren Verstand zu schärfen, unsere Kreativität anzuregen und unseren Mut zu prüfen.

> «Unendliche Verwirrung und ein Gefühl der Verzweiflung sind in Zeiten großer technischer und kultureller Veränderung unvermeidlich.»
> – Marshall McLuhan

Die Welt ist heute voller Probleme, doch ich glaube nicht, daß die Menschheit mit ihrer Fähigkeit, zu forschen und zu verstehen, auf die Welt kam, um Selbstmord zu begehen. Ich verstehe unsere Krise nicht als den Todeskampf der Zivilisation. Es könnten auch die Geburtswehen einer neuen Zivilisation und der Beginn einer freundlicheren Zukunft sein.

«Im Chinesischen besteht das Wort Krise aus zwei Schriftzeichen – das eine bedeutet Gefahr, das andere Gelegenheit.» – JOHN F. KENNEDY

Das Interesse an der Zukunft wächst so rasch, weil sie immer rascher kommt. In den letzten fünfzig Jahren hat sich die Weltbevölkerung fast verdoppelt, und wir sind in das Atom-, das Raumfahrt-, Computer- und Roboterzeitalter eingetreten. Über die Frage, wohin das alles führt, ist kaum Einigkeit zu erzielen, doch klar ist, daß eine Flut von Veränderungen über die Erde hingeht.

Mit einigen der Probleme von heute haben wir noch nie zu tun gehabt, doch wir sind endlich zu der Erkenntnis gelangt, daß alles mit allem zusammenhängt. Jede Maßnahme, die wir ergreifen, ist nach vorne in die Zeit und nach außen in den Raum gerichtet, und jeder Versuch, ein Problem zu lösen, scheint neue zu schaffen.

Warum exportieren hungernde Nationen Nahrungsmittel, während die reichsten unter entmutigenden Rezessionen zu leiden haben? Wie kommt es, daß aus Revolutionen gegen tyrannische Regime selbst Tyranneien werden? Und warum geht trotz unbestrittener amerikanischer Kreativität die Produktivität unserer Wirtschaft zurück?

Mit anderen Worten, wie kommt es, daß sich die Dinge so ganz anders entwickeln, als es der gesunde Menschenverstand erwarten würde?

«Gewöhnlich entgeht uns im Leben das Vertraute. Was vor unserer Nase ist, sehen wir zuletzt.»
– WILLIAM BARRETT

Eine Möglichkeit, Antworten auf diese Fragen zu finden, ist das Bemühen um ein vertieftes Verständnis der Pyramidenstruktur menschlicher Organisationen. Denn in diesen

Strukturen haben wir den Mikrokosmos der Dinge vor Augen, die in der Welt Verwirrung stiften.

> «Der Mensch kann nicht leben, ohne den Versuch zu unternehmen, das Universum zu beschreiben und zu erklären.» – Sir Isaiah Berlin

Wenn unsere Untersuchung menschlicher Organisationen von Erfolg gekrönt ist, führt sie uns zu Begriffen, die uns unser Leben und unsere Welt verständlicher machen. Wenn die Dinge verständlich sind, haben wir ein stärkeres Gefühl der Teilhabe, und wenn sie nicht verständlich sind, haben wir ein Gefühl der Entfremdung. Wenn die Welt als chaotische Anhäufung beziehungsloser Elemente erscheint, empfinden wir folglich das Bedürfnis nach einer neuen Formulierung, die diesen Ereignissen Sinn gibt.

> «Wir wissen nicht, wo oder wie wir mit der Analyse dieser Welt beginnen sollen. Es gibt keine höhere Weisheit, die es uns sagt. Selbst die wissenschaftliche Weisheit sagt es uns nicht. Sie sagt uns nur, wo und wie andere Menschen angefangen haben und wie weit sie gekommen sind.» – Sir Karl Popper

In einem früheren Buch, dem «Peter-Prinzip», habe ich gezeigt, daß ein Mensch in der Hierarchie gewöhnlich bis zu seiner Stufe der Unfähigkeit aufsteigt. Ich habe dieses Konzept als Prinzip bezeichnet, nicht als Gesetz, weil es weder universell noch unwandelbar, noch unvermeidlich ist. Es beschreibt nur die Tendenz, daß jemand von einer Stufe der Kompetenz so lange zur nächsten aufsteigt oder befördert wird, bis er auf einer Stufe der Inkompetenz angekommen ist. Leider bleibt er gewöhnlich auf dieser Stufe, frustriert die Mitarbeiter, untergräbt die Leistungsfähigkeit der Organisation oder führt – auf der höchsten

Stufe – das Land von einer Katastrophe in die andere. Das Prinzip schließt nicht den Glücksfall aus, daß ein guter Lehrer die Beförderung in die Verwaltung ablehnt, daß ein erfolgreicher Verkäufer keinen Wert darauf legt, Verkaufsleiter zu werden, daß ein erfolgreicher Bürgermeister darauf verzichtet, Gouverneur oder Präsident zu werden. Und es gibt auch die Leute, die außerhalb der etablierten Hierarchien bleiben und regelmäßig die Freude an der eigenen Leistung genießen können, ein Vergnügen, das denjenigen, die sich in der Tretmühle befinden, selten zuteil wird.

> «Des einen Decke ist des anderen Fußboden.»
>
> – David Levine

Der Nutzen des Peter-Prinzips war dreifach. Erstens, es lieferte eine Erklärung dafür, daß so viele Dinge schiefgehen und daß so viele Funktionsträger unfähig sind. Zweitens, es wies warnend darauf hin, daß ungezügelter Ehrgeiz und blinder Aufstiegswille zu Enttäuschung führen und gleichzeitig die Direktion veranlassen können, ihre Beförderungspolitik zu überprüfen. Drittens – und das war vermutlich am wichtigsten –, es lieferte uns ein satirisches Bild unserer selbst, der Situation des Menschen und der Art und Weise, wie wir unsere Geschäfte führen.

> «Lach über dich selbst, bevor es ein anderer kann.»
>
> – Elsa Maxwell

Was das Peter-Prinzip für den einzelnen war, wird die Peter-Pyramide für das System sein. Die Peter-Pyramide zeigt, wie ganze Systeme bis zur Stufe ihrer Unfähigkeit aufsteigen können, aber auch, wie sich das vermeiden läßt.

«Soldaten, von den Spitzen jener Pyramiden blicken vierzig Jahrhunderte auf euch herab.»
Napoleon Bonaparte
(an seine Truppen in Ägypten am 21. Juli 1798)

> «Das Leben ist wie eine Sardinenbüchse – wir suchen alle nach dem Öffner.» – Alan Benett

Um die Peter-Pyramide in ihrer ganzen Bedeutung zu erfassen, müssen wir zunächst einen kurzen Blick auf die herkömmliche, richtig stehende Pyramide werfen und uns mit den Mythen und Realitäten der Kräfte beschäftigen, die das menschliche Verhalten über die Jahrhunderte hinweg beeinflußt haben. Das ist aus zwei Gründen wichtig: Erstens: Häufig bilden wir uns ein, eine richtig stehende Pyramide aufzubauen, tun aber genau das Gegenteil; und zweitens: Eine Peter-Pyramide kann in einer scheinbar stabilen Organisation wachsen und sie lahmlegen.

> «Wir werden ziemlich kluge Leute sein, wenn wir es schaffen, unsere Klugheit von gestern abzulegen.»
> – Sir Mark Oliphant

Perfekter Prototyp

Von den Sieben Weltwundern des Altertums – den ägyptischen Pyramiden, den hängenden Gärten der Semiramis, dem Tempel der Artemis in Ephesus, dem Standbild des Zeus in Olympia, dem Mausoleum in Halikarnassos, dem Koloß von Rhodos und dem Leuchtturm auf Pharos bei Alexandria – sind die Pyramiden am ältesten. Sie stammen aus der Zeit von 2686 bis 2160 v. Chr. Von all diesen antiken Wunderwerken sind nur noch sie erhalten. Allein dieser Umstand gibt nicht nur zu der Frage Anlaß, wie sie entstanden sind, sondern auch, wie sie erhalten bleiben konnten.

Die Geschichte der ägyptischen Pyramiden ist von Geheimnissen umwittert, die schon viele kluge Menschen zu

Glossar

ÄGYPTEN: *Ein Land, in dem die Israeliten noch heute wären, wäre Moses ein Bürokrat gewesen.*

PYRAMIDEN: *Der Beweis dafür, daß an der Spitze nicht immer Platz ist.*

PYRAMIDENEXPERTE: *1. Ein Mensch voll schöpferischer Phantasie weit weg von Ägypten. 2. Einer, der es nie spitz kriegt und nie an die Spitze kommt.*

lüften versuchten. Sind diese Bauwerke nur kunstvolle Gräber? Sind sie das Werk genialer Baumeister und Techniker? Sind sie staatliche Arbeitsbeschaffungsmaßnahmen? Die Zeugnisse einer göttlichen Offenbarung, die sich in geometrischen Größen äußerte? Die Ergebnisse meiner eigenen Forschungsarbeiten will ich auf den folgenden Seiten darlegen.

Unvergängliche Gräber

Im alten Ägypten glaubte man, daß der Körper erhalten und konserviert werden müsse, damit der Geist nach dem Tode weiterleben könne. Deshalb widmeten die frühen Pharaonen der Vorbereitung auf den Tod schon zu Lebzeiten ein beträchtliches Maß an Zeit und Mühe. Die ersten Königsgräber waren Kammern, die man ins Innere des Berges grub, keine frei stehenden Bauwerke. Die zu diesen Gewölben führenden Gänge waren versiegelt und versteckt, um Grabräubern das Handwerk zu erschweren. Wie erfolgreich man dabei verfuhr, zeigt der Umstand, daß das Grab Tutanchamuns, das im 14. Jahrhundert v. Chr. angelegt wurde, erst im Jahre 1922 n. Chr. entdeckt worden ist.

Die Pharaonen versuchten sich in ihrem Gräberkult gegenseitig zu übertreffen; so bürgerte sich der stilisierte, auf Bestellung gefertigte Berg ein, die Pyramide. Als Grabgewölbe war sie eine glatte Fehlkonstruktion. Sie war leicht zu finden, und ihr Zweck konnte kaum ein Geheimnis bleiben. Das erleichterte das Geschäft der Grabräuber natürlich. In keiner der Pyramiden blieben die mumifizierten Überreste der königlichen Erbauer oder die ihnen beigegebenen Schätze lange liegen. Das Bauwerk war ein monumentales Statussymbol, aber nicht im geringsten für seine Aufgabe geeignet. Die Pyramiden sind noch erhalten und erinnern uns an längst Vergessenes.

> «Mich würde es noch nicht einmal tot in einem dieser Dinger halten.» – Alter Ägypter beim Anblick der Cheopspyramide

Technisches Wunderwerk

Die Ägypter hatten bereits eine Regierungsbürokratie, Steuern, Hieroglyphen und Metallwaffen, bevor sie sich anschickten, ihre Pyramiden zu bauen. Es gibt keine besondere technische Errungenschaft, die die plötzliche Beliebtheit der Pyramide erklären würde. Seit langem schon wurde der Kalkstein zu anderen Zwecken behauen und poliert. Abbau und Transport zum Bauplatz wurden durch einen gewaltigen Aufwand an Arbeitskräften, nicht durch eine neu entdeckte Technik bewerkstelligt.

Übertreibung

Die Cheopspyramide in Gizeh erhob sich ursprünglich zu einer Höhe von 146,6 Metern. Ihre Grundfläche mißt fünf Hektar. Sie besteht aus 2300000 Sandsteinblöcken mit einem Rauminhalt von insgesamt 2337000 Kubikmetern, nicht mitgerechnet die Gänge und Grabkammern des Königs. Der Aufwand an Arbeitskräften und Verwaltungsarbeit, der erforderlich war, um ein solches Bauprojekt durchzuführen, ist natürlich beeindruckend und sollte nicht unterschätzt werden, doch der technische Stand war sehr viel einfacher als gemeinhin angenommen. Die größten Blöcke wurden am Fuße des Bauwerks verwendet und wogen höchstens zweieinhalb Tonnen. Obwohl ein moderner Lastwagen ein Dutzend solcher Steine befördern kann, war es gewiß eine schwierige Aufgabe, sie mit der Kraft von Mensch und Tier über den Sand zu schleppen. Doch besaßen sie keineswegs die übermenschlichen Ausmaße, die ihnen in Büchern und Filmen zugeschrieben werden. Mit zunehmender Höhe des Bauwerks werden die Steine immer kleiner. Der durchschnittliche Block umfaßte 0,2 Kubikmeter, so daß die oberen Steine relativ klein waren.

Das älteste noch erhaltene Bauwerk ist Djosers Stufenpyramide in Sakkara. In den Stufen drückt sich der Glaube aus, daß man über eine Treppe in den Himmel gelange. Nachfolgende Pyramiden wurden mit glatt ansteigenden Steinen gebaut, weil man später glaubte, der Weg in den Himmel führe auf einem Sonnenstrahl entlang.

Der Bau einer Pyramide erschien als recht einfache Aufgabe, die allerdings eine Menge schweißtreibender Arbeit verlangte. Man brauchte offensichtlich nur die Steine in sich verjüngenden Schichten aufeinanderzustapeln, bis ein einziger Stein noch auf die Spitze paßte, und schon war man fertig. Das jedenfalls meinte man, bis man die erste Pyramide mit glatter Schrägung, die Pyramide von Medum, fast fertiggestellt hatte. Der beklagenswerte unvollendete Zustand der Pyramide läßt darauf schließen, daß der Druck des eigenen Gewichtes nicht gleichmäßig verteilt wurde, so daß die Sandsteinblöcke der Belastung nicht gewachsen waren. Die Medumpyramide sollte das eindrucksvollste Bauwerk aller Zeiten werden, brachte es aber nur zur eindrucksvollsten Ruine, ohne ihre Vollendung je zu erleben.

Die nächste Großpyramide sollte noch höher werden, war aber erst zu einem Drittel gediehen, als man in Medum auf das erwähnte Problem stieß. Die Außenschrägung des neuen Bauwerks wurde verringert, und das Ergebnis war jenes merkwürdig aussehende Grabmal, das als Knickpyramide bekannt ist.

Später kamen die Pyramidenarchitekten wieder auf die ursprüngliche Schrägung zurück, wobei sie die Bauweise im Inneren verbesserten und die tragenden Steine besser einpaßten. Das ist ein klassisches Beispiel für Fortschritt durch Versuch und Irrtum, nicht für technische Genialität. Die ägyptischen Pyramiden zeugen von grandioser Hartnäckigkeit, doch für die großartigsten Bauwerke der Welt werden sie aus den falschen Gründen gehalten.

Als man Cecil B. DeMille fragte, warum er so viele Filme gedreht hatte, deren Stoffe auf die Bibel zurückgingen, antwortete er: «Warum soll man sich zweitausend Jahre Reklame nicht zunutze machen?»

Als ich Freunde fragte, wie die Pyramiden gebaut worden sind, erzählten sie mir Schauergeschichten von Tausenden von Sklaven, die hundert Tonnen schwere Steinblöcke durch die Gegend zogen, während die Peitschen der Aufseher auf sie niedersausten. Es hat allerdings den Anschein, daß sie ihre Kenntnisse aus Monumentalfilmen wie «Die zehn Gebote» haben. Die gesicherten Tatsachen weichen erheblich von der Filmversion ab.

«Zwar wurden auch einige Sklaven beim Bau der Pyramiden beschäftigt, doch die meisten Arbeiter waren Bauern… die eingestellt wurden, wenn der Nil über die Ufer trat. Die Arbeiter galten nicht als beliebig ersetzbar; Aufseher und Vorarbeiter berichteten voller Stolz vom Wohlergehen ihrer Leute. In einem Bericht über die Expedition zu einem Steinbruch in der Wüste rühmte sich der Leiter, keinen Mann und kein Maultier verloren zu haben. Die Arbeiter waren in Kolonnen zusammengefaßt. Besonders kundige Männer bearbeiteten Granitblöcke für Säulen, Architrave, Türgewände, Oberschwellen und Verschalungen. Von Steinmetzen und anderen Handwerkern wurden die Blöcke behauen, poliert und gesetzt. Wahrscheinlich errichteten sie Rampen, um die Blöcke an Ort und Stelle zu bringen.» (Encyclopaedia Britannica III)

«Willst das Geheimnis wissen,
das die Pyramiden umschlossen?
Millionen ließen Blut und Schweiß
auf des Unternehmers Geheiß.» – Rudyard Kipling

*«Erfahrung ist eine herrliche Sache.
Mit ihrer Hilfe erkennen wir einen Fehler jedesmal
wieder, wenn wir ihn erneut begehen.»*
– Franklin P. Jones

Staatliche Arbeitsbeschaffungsmaßnahmen

Als Baumaßnahme der öffentlichen Hand, um während der jährlich auftretenden, dreimonatigen Überschwemmung des Nils für Beschäftigung zu sorgen, muß der Bau der Pyramiden geradezu ideal erschienen sein. Der einzige Nachteil: Während beim Setzen der unteren Schichten fast hunderttausend Mann beschäftigt werden konnten, wurden immer weniger benötigt, je höher das Bauwerk wuchs – beim Setzen des Decksteins an der Spitze brauchte man dann nur noch eine Handvoll Männer. Zwar war eine Kernbelegschaft fast zwanzig Jahre mit der Fertigstellung einer größeren Pyramide beschäftigt, doch der größte Teil der Arbeitskräfte wurde von Saisonarbeitern gestellt. Oft waren mehrere Pyramiden gleichzeitig im Bau, um für Vollbeschäftigung zu sorgen, die Moral im Lande zu straffen und dem Nationalgefühl Nahrung zu geben. Hätte man jeweils nur eine Pyramide im Bau gehabt, hätte das nur alle zwanzig Jahre Vollbeschäftigung bedeutet. Daran mag es gelegen haben, daß der Pyramidenboom nur relativ kurzlebig war. Die fünf größten Pyramiden wurden in weniger als einem Jahrhundert erbaut.

Zahlen lügen nicht

Einige Beziehungen zwischen den Maßen der Cheopspyramide und historischen Ereignissen sind wirklich beeindruckend. Andererseits brauchen Sie nur genügend Messungen kreuz und quer an einem Schuhkarton vorzunehmen und dann nach Verbindungen zwischen diesen Maßen und den verschiedensten geschichtlichen Vorkommnissen zu suchen, um mit Sicherheit auf einige bemerkenswerte Zusammenhänge zu stoßen. Der Ruhm ist Ihnen sicher, wenn Sie dann einen Artikel mit dem Titel «Kartonometrie» schreiben und über die ausgewählten positiven Ergebnisse schreiben, während Sie alle Ergebnisse fortlassen, die Ihnen nicht in den Kram passen.

«Maiers Gesetz: Wenn sich Fakten nicht mit der Theorie vertragen, muß man die Fakten aufgeben.»

– N. R. F. Maier

Pyramidologie

Die Pyramiden sind Gegenstand unserer Neugier, seit die Napoleonische Militärexpedition diese Wunderwerke des alten Ägyptens den Europäern zu Bewußtsein brachte. Napoleon war selbst fasziniert von den Bauwerken, die er «die Berge der Pharaonen» nannte. Einmal verbrachte er eine Nacht auf dem Gelände der Cheopspyramide in Gizeh. Am nächsten Morgen traf man ihn bleich und erschüttert an. Er verweigerte alle Einzelheiten über das, was ihn dort so entsetzt hatte, und befahl, nie wieder davon zu sprechen.

Viele Jahre später auf Sankt Helena kam Napoleon kurz vor seinem Tode noch einmal auf den Vorfall zu sprechen und sagte, er habe damals seine ganze Zukunft vor sich gesehen. Doch mit den Worten «Sie würden mir doch nicht glauben» ließ er das Thema wieder fallen.

Pyramidenenthusiasten messen dem Umstand große Bedeutung zu, daß Alexander Graham Bell seine Experimente in einem Labor durchführte, dessen Dach die Form einer Pyramide besaß.

Trivialere Pyramidenbewunderer wissen zu berichten, daß eine Pyramide mehr Steine enthält als alle Kathedralen und Kirchen, die seit Christi Geburt in England erbaut worden sind.

In vielen Büchern werden der Cheopspyramide geheimnisvolle, wissenschaftliche Bedeutungen und mystische Kräfte zugeschrieben. Sie sei eine architektonische Offenbarung für jeden, der mit einem guten Maßband und der Fähigkeit ausgerüstet sei, die Ergebnisse zu deuten.* Tote können zwar nicht mehr reden, aber ihre Bauwerke können die Lebenden nachhaltig beschäftigen.

> «Umschließt die Große Pyramide des Cheops eine vergessene Wissenschaft? Ist dieses letzte der Sieben Weltwunder, das uns erhalten ist, von geheimnisvollen Architekten erbaut, die von den Geheimnissen des Universums mehr als alle ihre Nachfolger wußten?»
>
> – Peter Tomkins,
> «Das Geheimnis der Grossen Pyramide»

* Betrachten wir einige der mystischen Kräfte und Offenbarungen, die der Cheopspyramide zugeschrieben werden:

Das Verhältnis zwischen Höhe und Breite der Pyramide soll der Zahl der Jahre entsprechen, die zwischen Adam und Jesus liegen.

Die Pyramide ist die Fixierung eines alten und möglicherweise universellen Systems von Gewichten und Maßen, das Modell für das genaueste System von Raum- und Zeitmessungen, das sich an der polaren Rotationsachse orientiert.

Die Hauptkammer der Pyramide verkörpert die heiligen Dreiecke $3-4-5$ $(a^2+b^2+c^2)$ und $2-\sqrt{5}-3$, die Pythagoras berühmt machen sollten und von denen Plato später behauptet hat, sie seien die Bausteine des Kosmos.

Der Pyramidenkonstruktion liegt eine hermetische Geometrie zugrunde, die nur einer Geheimgesellschaft bekannt war.

Die Pyramide war ein Theodolit, ein Präzisionsinstrument für Feldmesser.

Die Pyramide war ein Kalender, mit dessen Hilfe sich das Jahr, einschließlich des schwierigen Tagesbruchteils von 0,2422, genauestens messen ließ.

Die Grundfläche der Pyramide ist zum geographischen Nordpol hin ausgerichtet.

Glaube kann Berge versetzen

Wächter entdeckten in der Cheopspyramide einen Pyramidologen, der in der Biegung eines Ganges ein paar Steine losbrach. Er wollte die Pyramide so verändern, daß sie der von ihm vorgeschlagenen Formel besser entsprach.

«Spinozas Gesetz: Wenn die Tatsachen einer Theorie widersprechen, muß man entweder die Theorie oder die Tatsachen verändern.» – Benedict Spinoza

Volkstümliches Allheilmittel

Das Interesse an den mystischen und heilenden Kräften der Pyramiden scheint Modeströmungen zu unterliegen. Einmal wird die Aufmerksamkeit der Öffentlichkeit von dem prophetischen Wissen gefesselt, das in den Pyramidenausmaßen niedergelegt ist, ein andermal von dem Fluch der Pyramide oder ihrem Zauberbann. Die jüngste Welle des Interesses, die den erhaltenden und heilenden Kräften der Pyramide gilt, scheint ihren Höhepunkt überschritten zu haben, hält aber noch an.

> «Ich achte den Glauben, frage mich aber, woher man die Bildung bekommt.» – Wilson Mizner

Der Prager Radiotechniker Karel Drbal untersuchte in einem Experiment, ob die Pyramide Tierleichname entwässern und konservieren kann. Versuchsweise legte er eine seiner stumpfen Rasierklingen unter eines seiner Pyramidenmodelle und berichtete, sie sei scharf geworden. Er rasierte sich mit der geschärften Klinge, bis sie wieder stumpf wurde, und legte sie abermals unter die Pyramide. Wiederum wurde sie scharf. Drbal versuchte, sich seine Entdeckung patentieren zu lassen und sie zu vermarkten. Das Prager Patentamt weigerte sich, ein Patent auszugeben, bis sein leitender Wissenschaftler sich selbst ein Pyramidenmodell baute. Es funktionierte! So wurde 1959 der Cheopspyramidenrasierklingenschärfer unter der Nummer 91304 als Patent der Tschechoslowakischen Republik eingetragen. Schon bald begann eine Fabrik mit der Herstellung kleiner Papp-Pyramiden. Die Idee fand Anklang in den Vereinigten Staaten, und bald blühte das Geschäft mit den Papp-Pyramiden.

> «Der wahre Wissenschaftler verliert nie den Humor. Er ist die Seele seines Geschäfts.»
>
> –J. Robert Oppenheimer

Die Pyramidologen behaupten, daß die gleiche Energie, die Rasierklingen schärft, von jedermann angezapft werden könnte, und zwar zum Nutzen von Menschen, Tieren, Pflanzen und Dingen. Sie kann dem Körper Kraft, Energie und Jugend verleihen und die außersinnliche Wahrnehmung schärfen. Die Vertreter dieser Lehre behaupten, daß alle möglichen Folgeerscheinungen von Streß – Schlaflosigkeit, chronischer Kopfschmerz, Erschöpfung und Kreuzschmerzen – durch den Aufenthalt in einer Pyramide behoben werden können. Auch sparen läßt sich mit Hilfe der Pyramidenkräfte. Sie können den Geschmack billiger Weine und anderer preiswerter Lebensmittel verbessern, zähes Fleisch zart machen, dem Kaffee Bitterstoffe entziehen, Nahrungsmittel entwässern und konservieren.

> «Ich habe meine Witze unter eine Pyramide gelegt, um sie lustiger zu machen. Meine Witze habe ich nicht geschärft, mir dafür aber eine böse Schnittwunde an der Pappe zugezogen, als ich die Witze hervorholte.»
> – Lotus Weinstock

Pyramidenparadigma

Bislang haben wir uns mit den Ursprüngen des Glaubens an die Pyramidenkräfte beschäftigt. Jetzt wollen wir untersuchen, inwieweit wir alle dem Einfluß der Pyramide unterworfen sind, ganz gleich, woran wir glauben.

> «Geschichte: ein meist falscher Bericht über meist unwichtige Ereignisse, die meist schurkischen Herrschern und meist dummen Soldaten zu verdanken sind.»
> – Ambrose Bierce

Das Feudalsystem

Schon auf einer frühen Entwicklungsstufe der Gesellschaftsordnung wurde die Pyramide zum Verwaltungsmodell. In der Zeit des mittelalterlichen Feudalismus in Westeuropa entwickelte sich die Pyramide zu einer komplizierten und festgefügten Verwaltungsstruktur. An der Spitze stand der König, die Königin oder der Kaiser, dem (zumindest theoretisch) das ganze Land gehörte. Dann kam die Hierarchie des Adels, dessen höchste Schicht die Lehnsfürsten bildeten. Sie erhielten das Land unmit-

Seit unvordenklichen Zeiten sucht die Menschheit nach einem Allheilmittel für die Übel der Welt und hofft, daß ein begnadeter Führer erscheint, der die Menschheit nach Utopia führt – sei es mit Hilfe der Politik, der militärischen Macht, der Wissenschaft, Philosophie oder Religion. Die Cheopspyramide in Gizeh birgt die Lösung des Problems und offenbart die einzige Kraft, die in der Lage ist, die Welt ins Lot zu bringen – so vollkommen ins Lot, daß Gottes Wille auf Erden geschehen wird wie im Himmel.

– Adam Rutherford

in: «Pyramidology», Buch II, «The Glory of Christ as Revealed by the Great Pyramid», The Institute of Pyramidology, Hertfordshire, Großbritannien, 1962.

telbar vom Monarchen. Den Lehnsherren wurde das Land von den Lehnsfürsten verliehen. Den Vasallen wiederum wurde das Land von den Lehnsherren übertragen. Die Vasallen bestellten das Land und teilten die Ernteerträge mit den Grundherren, die von ihrem Anteil dem Monarchen abgaben. Manchmal übertrug ein landbesitzender Vasall das Nutzungsrecht an seinen Ländereien einem anderen Vasallen und wurde damit dessen Lehnsherr. Dadurch wurde die Pyramide zu einer Leiter der Aufwärtsmobilität innerhalb einer Klassengesellschaft. Doch ganz gleich, wie komplex das System wurde, seiner Pyramidenstruktur blieb es immer treu.

> «Jede Kultur ist unter anderem auch eine Einrichtung zur Bändigung der Leidenschaften und ihrer Kanalisierung für nützliche Arbeit.» – Aldous Huxley

Die römisch-katholische Kirche

Die älteste noch bestehende Hierarchie ist die der römisch-katholischen Kirche. Geführt wird die Organisation von dem Papst als dem «sichtbaren Oberhaupt» (Jesus Christus ist das unsichtbare Oberhaupt). Die Schicht darunter wird von den Kardinälen gebildet, die vom Papst ernannt werden. Die Kardinäle wiederum wählen beim Tod des Papstes seinen Nachfolger. Die nächsten in der Rangfolge sind die Bischöfe. Die Priester oder Pastoren bilden die Basis der kirchlichen Pyramide. Diese Organisation des Klerus wird getragen von der Gemeinde oder den Laien, die die breite Grundfläche der Pyramide bilden.

Der Aufbau dieser Pyramide ist so kompliziert und vielschichtig, daß eine genauere Beschreibung den Rahmen dieses Kapitels sprengen würde. Die obenstehende Kurzfassung läßt viele Zwischenstufen innerhalb der großen Ebenen aus – etwa die Erzbischöfe, die ordentlichen Bischöfe, die Hilfsbischöfe und so fort –, reicht aber aus, um die Pyramidenstruktur der Organisation deutlich zu machen.

> «Häufig wache ich nachts auf, zerbreche mir den Kopf über ein schwieriges Problem und beschließe, es dem Papst zu unterbreiten. Dann werde ich ganz wach, und mir fällt ein, daß ich der Papst bin.»
>
> – Papst Johannes XXIII.

Die moderne Organisation

Heute gibt es viele Verwaltungstheorien und eine große Zahl von neuen Führungstechniken, doch die Grundstruktur der Verwaltungsgliederung ist nach wie vor die Pyramide. An der Spitze der Unternehmenshierarchie steht der Generaldirektor. Auf der nächsttieferen Ebene befinden sich die Divisionsdirektoren, zuständig für Bereiche wie Verkauf, Herstellung, Forschung und Entwicklung, Verwaltung. Dann kommt das mittlere Management mit den Abteilungsleitern innerhalb der einzelnen Divisionen. An die Managementebene schließt sich das Aufsichtspersonal an. Seine Angehörigen bringen die Autorität der Verwaltung den Angestellten gegenüber zur Geltung, die direkt mit den Kunden zu tun haben, die Produktionsmaschinen bedienen oder die eigentliche körperliche Arbeit leisten.

Feudalistische Pyramide

Römisch-katholische Pyramide

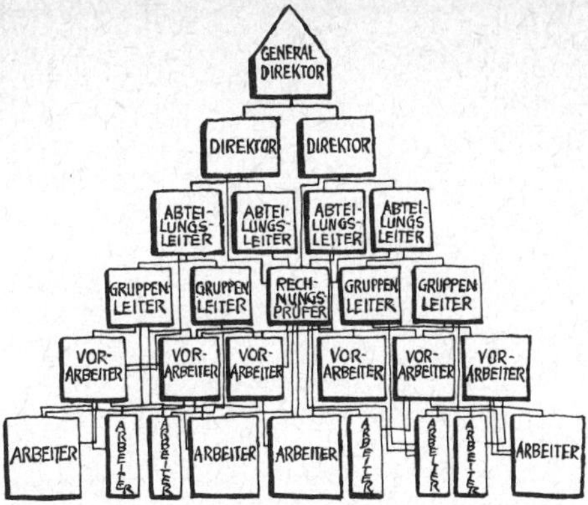

Moderne Verwaltungspyramide

Praktisch jedermann in den Vereinigten Staaten besitzt eine Miniaturpyramide. Man nehme eine Dollarnote aus seiner Brieftasche und drehe sie um. Dort ist die Rückseite des US-Großsiegels abgedruckt – eine Pyramide aus dreizehn Schichten, die für die dreizehn Urkolonien stehen. Über allem wacht das Auge der Vorsehung.

– THE PYRAMID RESEARCH FOUNDATION

«In der Geschäftswelt weiß ein Direktor etwas über alles, ein Ingenieur alles über etwas – und die Telefonistin einfach alles.» – HAROLD COFFIN

Pyramidenwirkung

Jeder von uns gehört etlichen Pyramiden an. Viele von uns sind die steuerzahlende Grundschicht der politischen Pyramide, an deren Spitze der Bewohner des Weißen Hauses steht. Als Kunden verschiedener Wirtschaftsorganisationen sind wir die ökonomische Basis der Marketingpyramiden. Als Angestellte befinden wir uns auf verschiedenen Ebenen der Pyramiden, in denen wir arbeiten, und wenn wir ein eigenes Geschäft haben, hängt unsere Stellung in der Pyramide davon ab, mit wieviel Prozent wir an der Firma beteiligt sind. Jeder militärische Bereich, jeder gemeinnützige Verein, jede Loge, wohltätige Gesellschaft, Bildungseinrichtung, religiöse Institution und politische Partei ist pyramidenförmig organisiert. Obwohl sich die autoritäre Familienstruktur aufgelöst hat, gibt es keine Familie, in der Führung, Geld und Fähigkeiten unter allen Mitgliedern gleich verteilt wären. Gewöhnlich haben die Eltern mehr zu sagen, wobei einer der beiden Elternteile mehr Autorität besitzt als der andere. Wir sind also alle Pyramidenbewohner von der Wiege bis zum Grab.

In jedem Lebensbereich haben wir demnach verschiedene Positionen innerhalb der Pyramiden inne, denen wir angehören, während wir gleichzeitig von den organisatorischen Pyramiden der Gesellschaft kontrolliert werden. Wir sind fasziniert von der Dauerhaftigkeit der Pyramide als Bauwerk und als gesellschaftlichen Organisationsprinzips. Wir sind beeindruckt von der Tragfähigkeit und Festigkeit der Pyramide als geometrischer Form, und wir sind geprägt in unserem Glauben oder Unglauben von der Pyramide als Sammelbecken symbolischer oder übernatürlicher Kräfte.

> «Armer Bronsky, er hat seine Pyramide kaum zur Hälfte fertig. Aber ich glaube, bis zur Spitze wird er sie nie fertigstellen. Wissen Sie, je erfolgreicher er ist, desto größer will er die Pyramide unten haben. Und je größer er die untere Schicht anlegt, desto weiter wird es zur Spitze. Offen gesagt, wenn er je das Gefühl gehabt hätte, er könnte bis zur Spitze kommen, hätte er wohl nie angefangen zu bauen.»
>
> – Mel Brooks zu Paul D. Zimmerman bei einem schmackhaften Fisch in Factor's Deli

2
Peter-Pyramide

«Ein Apfel am Tag, so hieß es einst, und der Arzt kommt dir nicht ins Haus. Das gilt heute nicht mehr, weil Hausärzte keine Hausbesuche mehr machen.»
– UN B. KANNT

Obgleich wir mit Fug und Recht annehmen dürfen, daß Pyramiden großen Einfluß auf unser Leben haben, wird dabei ein wichtiger Punkt übersehen. Theoretische Organisationsdiagramme oder Unternehmensstrukturen orientieren sich an der richtig stehenden ägyptischen Pyramide, wo die Basis breit auf dem Boden ruht und die Spitze in den blauen Himmel ragt, während die tatsächliche Pyramide, mit der unsere alltäglichen Geschäfte besorgt werden sollen, auf dem Kopf oder, besser, auf ihrer Spitze steht.

Wir wollen unsere Untersuchung dieses Phänomens mit einem kurzen Beispiel für die Arbeitsweise der auf dem Kopf stehenden Pyramide beginnen.

«Wir unersättlichen Sünder zumal,
das lehrt die Menschheitsgeschichte,
daß wir seit Evas Apfel im Garten
vom Leben vor allem zu essen erwarten.»
– LORD BYRON

Ein verlockender Gedanke

Am Anfang, im Garten Eden, hatten Adam und Eva direkten Zugang zu den Äpfeln. Sie brauchten nur die Hand auszustrecken und die appetitliche Frucht zu pflücken. Wie sich herausstellte, hatte es schwerwiegende Folgen, daß sie dieser Versuchung erlagen. Doch im Augenblick interessiert uns nur der freie Zugang zu den Äpfeln.

> «Nicht der Apfel am Baum, sondern das Menschenpaar auf der Erde verursachte den Ärger.»
>
> – M. D. O'Connor

Nach der Vertreibung aus dem Paradies waren Adam und Eva zur Arbeit verurteilt. Ihre erste Aufgabe bestand darin, die Gegend zu erkunden und Apfelbäume ausfindig zu machen, da sie nicht mehr in Reichweite wuchsen wie im Garten Eden. Trotzdem war ihr Zugang zu den Äpfeln, wenn auch durch längere Wege erschwert und deshalb einige Mühe kostend, eine relativ einfache Angelegenheit.

> «Adam war allzumenschlich – das ist die ganze Erklärung. Er wollte den Apfel nicht um des Apfels willen, er wollte ihn nur, weil er verboten war.»
>
> – Mark Twain

Im weiteren Verlauf unseres Weges zur Kultur kamen einige Vertreter unserer Art, denen es nicht paßte, daß sie jedesmal einen längeren Ausflug unternehmen mußten, wenn sie einen Apfel haben wollten, auf die Idee, Expeditionen zur Apfelernte zu organisieren, von denen sie mit großen Mengen der Früchte zu ihren Hütten oder Höhlen zurückkehrten. Sobald die Menschen merkten, daß aus den Kernen, die sie in ihren Vorgarten spuckten, Apfel-

Entsage, wo Apfelpracht am Baume steht,
grimmiger Gier,
damit das Paradies uns nicht verlorengeht,
Eva und mir.

–Robert Browning

bäume wurden, war die Entwicklung der Landwirtschaft nicht mehr aufzuhalten.

> «Die ländliche Bevölkerung, sagt Cato, schenkt uns die tüchtigsten Männer, die tapfersten Soldaten und Bürger, deren Sinnen und Trachten allem Bösen abgeneigt ist.» – PLINIUS DER ÄLTERE (Gajus Plinius Secundus), 23–79 n. Chr.

Das System ufert aus

Obwohl die Äpfel auch heute noch auf Bäumen wachsen, beziehen wir sie vom Supermarkt, der den Apfel, den wir wählen, seinerseits vom Obstbauern hat. Die Frucht wurde von einem Landarbeiter vom Baum gepflückt, von einem Spediteur in die Verarbeitungsfabrik geschafft, von zahlreichen Leuten verarbeitet, unter anderem von Sortierern, Packern und Aufsehern, mit einem Lastwagen quer durchs Land zu einem Großhändler geschafft, von dort an das Einzelhandelssystem weitergegeben und schließlich in die Obstabteilung des Supermarktes gebracht – gepflückt, verpackt, verarbeitet und «fertig» zum Verkauf.

> «Und pflück, solange dir die Zeit gegeben.
> die silbernen Äpfel des Mondes,
> die goldenen Äpfel der Sonne.»
>
> – WILLIAM BUTLER YEATS

Im Räderwerk verloren

Weiter unten, in der Nähe der Pyramidenspitze, konnten Sie, wenn es Sie nach einem frischen, reifen Apfel gelüstete, zur Hintertür hinaustreten und in den Garten gehen, wo Sie ihn sich aussuchen und direkt vom Baum pflücken konnten – reif, knackig, saftig. Niemand stand zwischen Ihnen und dem Apfel.

Später, ein bißchen weiter entfernt von der Pyramidenspitze, war die Frucht, die Sie direkt vom Bauern kauften, entweder ein frisch gepflückter Sommerapfel oder ein Winterapfel, der im Obstkeller lagerte. Oft war der Bauer der einzige Mensch, der damit beschäftigt war, Sie mit dem Apfel zu versorgen. Wenn Sie den Apfel beim Kaufmann an der Ecke kauften, kam er aus dem Obstgarten neben dem Laden. Der Bauer verkaufte die Äpfel in Körben, wenn er auf den Markt fuhr. Die Sommeräpfel waren nicht ganz so frisch wie die, die man vom Baum pflückte, aber immer noch knackig, saftig und köstlich, auch wenn sie durch etliche Hände gingen, bevor sie in die Ihren gelangten.

Der Apfel, den Sie heute kaufen, hat eine ganz andere Geschichte. Vom Baum kommt er in klimatisierte Lagerräume, wo der Reifungsprozeß durch Unterkühlung und chemische Behandlung unterdrückt wird. Dann wird er in gekühlten Eisenbahnwaggons oder Lastwagen zu speziellen Verteilungsstellen transportiert. Wenn nötig, sorgt man hier für seine Reifung mit Hilfe von chemischen Stoffen und Enzymen. Das Endprodukt dieses Wirtschaftsprozesses nennt sich «frischer Apfel», doch sein Geschmack, sein Aussehen und seine Festigkeit erinnern nur noch von ferne an die Frucht, die man einst direkt beim Bauern kaufte – näher dran am Ausgangspunkt der Pyramide.

Alle Organisationen sind zu mindestens fünfzig Prozent Verschwendung – Verschwendung an Menschen, Mühe, Raum und Zeit.

– Robert Townsend

Unendlichkeit

Heute steht zwischen Ihnen und dem Bauern eine ganze Armee von Leuten, die sich des Apfels annehmen oder die Maschinen bedienen, die sich des Apfels annehmen. Staatliche und bundesstaaliche Regierungsstellen unterhalten ein kompliziertes System von Subventionen, Preiskontrollen, Einfuhr- und Ausfuhrbestimmungen, Vorschriften, die den Transport und Verkauf über Staatsgrenzen hinweg regeln, und so fort. Pioniereinheiten und andere staatliche Einrichtungen sorgen für die Bewässerung von Trockengebieten. Regierungsstellen kontrollieren auch die Menge der Schädlingsvernichtungsmittel und anderer Chemikalien, die im Obstanbau verwendet werden, sowie die chemischen Stoffe, die der Konservierung und Reifung dienen. Auch die Ölgesellschaften, die Haupterzeuger der chemischen Pestizide und Dünger, unterliegen staatlicher Kontrolle.

Der Apfel wird in einen Lastwagen verladen, der von einem Mitglied der Gewerkschaft Transport und Verkehr gefahren wird. Auch die anderen Arbeiter, die mit Ihrem Apfel zu tun bekommen – Pflücker, Packer, Verarbeiter, Herstellungsleiter und Einzelhandelskaufmann –, sind in Gewerkschaften organisiert. Der Laden, in dem Sie Ihren Apfel kaufen, gehört möglicherweise zu einer Supermarktkette, die die Tochtergesellschaft eines Einzelhandelsunternehmens ist, das seinerseits von einer multinationalen Gesellschaft im Zuge eines Diversifikationsprogramms aufgekauft wurde.

Das ist bei weitem noch kein vollständiges Bild der Peter-Pyramide und ihrer Funktion, aber es zeigt, daß, nur um den Apfel vom Baum in Ihre Hand zu befördern, Tausende von Menschen mit Pflücken, Verarbeiten, Transportieren und Verkaufen beschäftigt sind. Viele tausend mehr sind für Werbung, Absatz, Verpackung und Herstellung der Chemikalien erforderlich. Millionen sind mittelbar beteiligt in Gewerkschaften, Berufsorganisationen und Behörden.

> «Wir sind Ameisenmenschen in einer Ameisenwelt.»
> – Ray Bradbury

Obwohl diese ganze umgekehrte Pyramide nur den einfachen Zweck hat, den Apfel vom Baum zu Ihnen zu bringen, ist sie ein außerordentlich kompliziertes System. Deshalb ist es so schwierig, das Gesamtbild in den Blick zu bekommen. Die Abläufe innerhalb des Systems sind so abstrakt und undurchschaubar, daß seriöse Forschungs- und Lehrinstitute einen Großteil ihrer Zeit, ihres Geldes und ihres intellektuellen Kapitals für die Untersuchung dieser Phänomene aufwenden. Experten für Agrarwissenschaft, Infrastruktur, Betriebswirtschaft, Volkswirtschaft, Marketing und Systemtechnik setzen sich mit den Problemen auseinander. Sie vermitteln ihre speziellen Lösungswege Studenten, die Doktortitel und Diplome als Agronomen, Juristen, Volkswirte und Ingenieure erwerben und dann in verschiedenen Bereichen der Pyramide wirken. Diese Spezialisierung fördert die Unterteilung und Klassifizierung der Angestellten und macht Veränderungen innerhalb des Systems zunehmend schwierig – mit einer Ausnahme: Es ist immer möglich, die Dinge noch komplizierter zu machen.

> «Der schlichte Glaube, daß wissenschaftliche Entdekkungen automatisch materiellen Fortschritt bedeuten, ist einer der verhängnisvollsten Mythen unserer Zeit.»
> – Sir Bernard Lovell

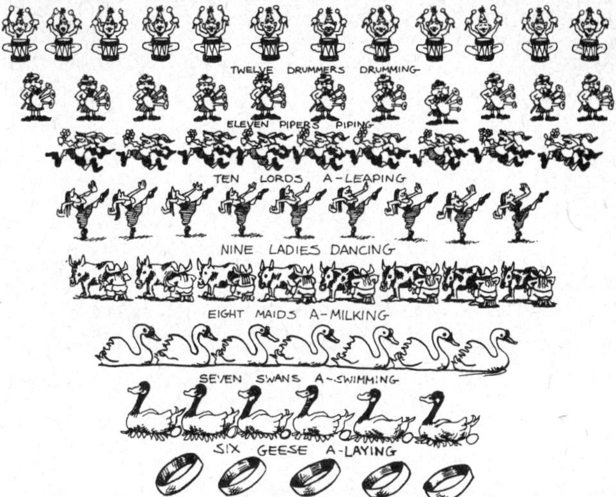

Es ist immer möglich,
die Dinge noch komplizierter zu machen.

Ein anderes Problem der umgekehrten Pyramide liegt darin, daß sie mit wachsender Größe an Stabilität verliert. Ein Fehler in irgendeinem Teilbereich kann das ganze System beeinträchtigen oder sogar lahmlegen, auch wenn viele Äpfel an den Bäumen hängen und die Nachfrage ungeschmälert anhält. Ein Streik der Landarbeiter kann dazu führen, daß die Äpfel nicht gepflückt werden. Ein Engpaß in der Lieferung von Obstkisten kann den Absatz bremsen. Es verhält sich wie mit jedem komplexen Mechanismus: je mehr Teile, desto mehr Möglichkeiten für Pannen.

Mein Neffe Peter Lucht kaufte in einem Supermarkt in Vancouver ein, als im Lautsprecher die Durchsage ertönte, daß der Verkauf eingestellt werden müsse, weil der Computer ausgefallen sei und der Laden für unbestimmte Zeit geschlossen werde. Die Kunden ließen ihre Einkaufswagen stehen, und die Angestellten räumten die Waren wieder in die Regale. Hier kam es zum völligen Versagen des komplizierten Systems, das den Apfel vom Baum zum Verbraucher bringen soll, weil sich in das letzte Glied der Kette ein Fehler eingeschlichen hatte. Durch eine winzige Unstimmigkeit im Computer waren die Registrierkassen blockiert. Das Geschäft mußte vorübergehend auf jeglichen Umsatz verzichten, und mein Neffe konnte keine Äpfel kaufen. Eine Kette ist nur so stark wie ihr schwächstes Glied, und je länger die Kette, desto mehr schwache Glieder.

Man versucht, alle Glieder der Kette möglichst stark zu machen und Pannen wie Streiks, Lieferengpässe bei Obstkisten und Computerversagen auszuschließen. Man versucht auch, Umweltverschmutzung zu vermeiden und Gesundheitsrisiken an allen Arbeitsplätzen des Apfelversorgungsnetzes auszuschalten. Vorschriften werden erlassen, um die Industrie wirtschaftlich abzusichern. Doch alle diese Versuche, das System durch Verordnungen zu stützen, tragen zu seiner Kompliziertheit und Instabilität bei, weil sie eine kopflastige behördliche und privatwirtschaftliche Bürokratie schaffen. Das System muß funktionieren, weil wir es zum Überleben brauchen, deshalb wird jedesmal, wenn ein Teil ausfällt, ein neues Teilstück angefügt, welches den ausgefallenen Teilbereich wieder funktionsfähig machen soll.

A. Marquet – Lebensmittelhändler

Andy Marquet begann seine berufliche Laufbahn als Botenjunge im Geschäft seines Vaters. Als sein Vater sich zur Ruhe setzte, übernahm er den Laden. Andy führte das Geschäft mit der Teilzeithilfe seiner Frau. Er kaufte Äpfel, Eier, Kartoffeln und andere landwirtschaftliche Erzeugnisse bei den Bauern, die in die Stadt kamen, und sie kauften ihre Lebensmittel von Andy. Er hatte einen fast vollständigen Überblick über sein Geschäft.

Seine Entscheidungen beruhten auf seiner Erfahrung, seiner Klugheit und seiner Einschätzung der jeweiligen Situation. Er entschied, welche Waren er führen wollte. Er öffnete den Laden am Morgen und schloß ihn am Abend. Er räumte Stammkunden, die er für vertrauenswürdig hielt, Kredit ein. Das Geschäft ging gut. Andy war glücklich und ein geachtetes Mitglied seiner Gemeinde.

Ein Finanzierungsunternehmen unterstützte Andy bei der Eröffnung eines zweiten Andy-Marquet-Geschäfts im Nachbarstädtchen. Er beschloß für jedes Geschäft einen Verkäufer einzustellen und seine Zeit zwischen beiden Läden zu teilen. Damit die Angestellten wußten, was sie in seiner Abwesenheit zu tun hatten, legte er bestimmte Regeln fest. Er legte fest, was von den örtlichen Bauern zu kaufen war, wann Mahnungen herauszugehen hatten, wer Kredit bekam, wie Rechnungen ausgestellt wurden und noch vieles andere mehr.

Als Andy das dritte Geschäft erwarb, stellte er fest, daß er kaum noch Zeit in den Läden verbringen konnte, deshalb versuchte er den Geschäftsgang durch noch mehr Vorschriften zu kontrollieren und durch ein Belegsystem in Erfahrung zu bringen, was in seinen Läden geschah.

Obwohl seine Listen, Regeln und Vorschriften sicherlich nützlich waren, erfuhr er dadurch trotzdem nicht, was tatsächlich geschah, wenn ein Kunde einen seiner Läden betrat. Als ihm das Problem bewußt wurde, legte er noch mehr Regeln fest. Er versuchte auf Nummer Sicher zu gehen, indem er jede Möglichkeit einplante.

Als die Kette anwuchs, wurde jeder Laden genormt. Alle boten sie die gleichen Waren an, hatten sie die gleichen Auslagen, die gleiche Werbung, die gleichen Vorschriften und die gleiche Bürokratie. Die Läden kauften die Äpfel, Eier und Kartoffeln nun von einem einzigen zentral gelegenen Großhändler. Sogar der erste Laden, im Herzen des Apfelanbaugebietes gelegen, bezog seine Äpfel über große Entfernung von diesem Großlieferanten.

Am Anfang war Andy ein Lebensmittelhändler. Die anfallende Büroarbeit erledigte er in den kurzen Ruhepau-

sen, die ihm das gutgehende Geschäft ließ. Als sein expandierendes Geschäft immer mehr Bürokratie verlangte, hatte er immer weniger mit Lebensmitteln zu tun und immer mehr mit Büroarbeit. Die wenigsten Leute, die heute für ihn arbeiten, sind mit Lebensmitteln befaßt. Sie legen Vorschriften fest, setzen Vorschriften durch oder befolgen Vorschriften. Die Regeln und Vorschriften sind wichtiger geworden als die Menschen und die Waren.

Das achte Weltwunder

Doch wir können auch heute noch die ganze Pyramide bewundern. Unten an der Spitze gibt es noch immer primitive Volksstämme in entfernten Gebieten Afrikas und Australiens, die kein Land bestellen, sondern ihre Nahrung einfach so sammeln, wie die Natur sie für sie bereithält. Es gibt noch immer Menschen von unabhängiger Geisteshaltung, die die Äpfel für den eigenen Bedarf vom eigenen Baum im eigenen Garten pflücken. Es gibt noch immer welche, die ihre Äpfel direkt vom Erzeuger kaufen oder eintauschen. Einige Läden auf dem Dorf und einige Obststände an Landstraßen beziehen ihre Äpfel noch immer direkt vom Bauern. Doch das Gros des Apfelabsatzes erfolgt über die «normalen Kanäle» und befindet sich im höchsten und umfangreichsten Teil der Pyramide.

> «Der Mensch verwandelt alles, was ihm begegnet, in ein Werkzeug. Dabei wird er selbst zum Werkzeug. Doch wenn man fragt, wozu das Werkzeug dient, weiß niemand die Antwort.» – PAUL TILLICH

Hier oben

Die Peter-Pyramide ist nicht einfach die Umkehrung der ägyptischen Pyramide. Die Pyramide des Altertums erreicht irgendwann die Spitze und kann dann nicht mehr weiterwachsen. Die auf den Kopf gestellte Pyramide fängt klein an, hat aber naturgemäß keinen Fluchtpunkt. Sie endet nicht, weil sie niemals vollständig ist. Da sie von Haus aus keine Grenzen kennt, muß sie wachsen, bis sie umkippt, einstürzt, sich selbst zerstört oder die Menschen, die an ihr bauen, Maßnahmen ergreifen, um ihr Wachstum einzudämmen.

Jede Krise, jedes Problem innerhalb des Systems verlangt eine Reaktion. Da aber in dem System alles miteinander verflochten ist, greift jede Reaktion über das Problem hinaus, das zur Lösung ansteht. So ufern Lösungen und Probleme und Lösungen grenzenlos aus, und die Peter-Pyramide wächst Schicht um Schicht.

> «Wie viele Äpfel mögen Newton auf den Kopf gefallen sein, bevor der den Wink verstand! Die Natur winkt uns unablässig mit dem Zaunpfahl. Sie winkt und winkt. Und plötzlich begreifen wir den Wink.»
>
> – Robert Frost

Wer hat schuld?

Nichts berechtigt zu der Annahme, daß irgend jemand von den Leuten, die sich an der Herstellung dieses hoffnungslosen Durcheinanders beteiligen, von bösen Absichten geleitet wäre. Im Falle des Apfelsystems lassen alle verfügbaren Tatsachen sogar darauf schließen, daß einige der Beteiligten von den menschenfreundlichsten Motiven bewegt werden. Seit Jahrhunderten schreibt man dem Apfel heilende Wirkungen zu. Durch verstärkte Erzeugung und größeren Absatz von Äpfeln läßt sich also nicht nur die Hungersnot der Armen lindern, sondern auch ein Beitrag zur Volksgesundheit leisten. Wer sich um die Gesundheit von Millionen unterernährter Mitbürger verdient macht, der sorgt für bessere Arbeiter, Verbraucher und Steuerzahler, während er gleichzeitig die Entstehung sozialer Unruhen verhindert. Solche Vorteile rechtfertigen Regierungsprogramme wie Landwirtschaftssubventionen zur Produktionssteigerung und Lebensmittelkarten für die Armen.

Wie nicht anders zu erwarten, reagiert die Landwirtschaft auf die Subventionen. Sie baut mehr Äpfel an. Das erhöht den Energieverbrauch durch moderne landwirtschaftliche Maschinen und steigert den Verbrauch von Düngemitteln und Pestiziden. Die Beförderung dieser Produkte zu den landwirtschaftlichen Betrieben und der Transport der Äpfel zu den Märkten führt zu einer entsprechenden Erhöhung des Benzinverbrauchs, wodurch sich die Energiekrise verschärft und die Treibstoffkosten in die Höhe klettern.

Fusionszwang, Fall 980376

Jack B. Nimble, Besitzer der Nimble-Sportschuh-Gesellschaft, und Byron U. Thomson, Gründer des BUT-Matratzen-Unternehmens, kamen zu dem Ergebnis, daß eine Fusion ihrer Unternehmen wirtschaftliche Vorteile bringen würde. Die Aktien ihrer neuen Gesellschaft Schuhmat verkauften sich gut, so daß sie ein Aktienpaket von C. Wright

Kontaktlinsen erwerben und sich die Mehrheitsanteile der Irwin Blight Hochbau AG sichern konnten. Da der Aktienwert der erweiterten Schuhmatgruppe weiter kletterte, übernahmen Nimble und Thomson CD-Oberbekleidung, indem sie den CD-Aktionären zwei Anteile Schuhmat für drei Anteile CD boten. Sobald das Geschäft unter Dach und Fach war, konnten sie mit Hilfe eines Bankkredits die Grundstücks- und Erschließungsgesellschaft Schwindal kaufen.

Mit dem Aktienpaket und dem Kredit des Schwindelunternehmens erschafften sie sich eine Beteiligung an der Fishell-Tabak GmbH. Mit dem Fishell-Vertrag fiel der Schuhmat auch die Adam's Apfel & Co. zu. Auf diese Weise kamen ein Sportschuhfabrikant und ein Matratzenhersteller, die keine Ahnung von der Landwirtschaft hatten, schließlich zu einer Apfelplantage.

Die staatliche Förderungspolitik gibt den großen Landwirtschaftsunternehmen den Vorzug gegenüber kleineren Betrieben, offenbar weil man glaubt, daß diese landwirtschaftlichen Großunternehmen leistungsfähiger, produktiver und kosteneffektiver sind. Ironischerweise zeigen alle Untersuchungen, auch die des amerikanischen Landwirtschaftsministeriums, daß die wirtschaftlichen Vorteile der Großbetriebe auch auf kleinen Höfen realisiert werden können.

> «Jung und unbeschwert war ich unter Apfelzweigen,
> am heitern Haus, als das Gras noch grün war.»
>
> – DYLAN THOMAS

Die Gründer von Großunternehmen sind meist Städter, für die das Land und alles, was auf ihm wächst, ein Produktionszweig wie jeder andere ist. Sie halten es für eine löbliche Sache, wenn sie die traditionelle Landwirtschaft in eine hochspezialisierte Agrarindustrie verwandeln, die für die ansässigen Bauern kaum mehr Platz und wirtschaftliche Überlebensmöglichkeiten läßt. Diese wandern ab und tragen zur chronischen Übervölkerung der Städte bei. Selbstachtung und Familienzusammenhalt gehen verloren, wenn die ländliche Familie vom eigenen Grund und Boden in die Städte verpflanzt wird, wo sie im Asphalt und Beton der Straßen vergeblich Wurzeln zu schlagen versucht.

Agrarindustrielle Produktionsmethoden verlangen teurere Maschinen, höhere Löhne und steigende Kosten für Dünger und andere Chemieerzeugnisse. In Verbindung mit den Transportkosten treibt das den Preis der Äpfel so hoch, daß sie für die, die sie am dringendsten brauchen, nicht mehr erschwinglich sind.

> «Man kann nicht erwarten zu gewinnen, wenn man nicht weiß, warum man verliert.»
>
> – Benjamin Lipson

Schädlingsbekämpfungsmittel, flächendeckend von Flugzeugen versprüht, beeinträchtigen das Obst, verschmutzen die Luft und werden vom Wind fortgetragen, so daß sie andere Nutzpflanzen vergiften und die Gesundheit von Anliegern und Arbeitern gefährden. In Verbindung mit der Bodenverseuchung bewirken diese Umweltbelastungen Schwächung und Krankheit in breiten Bevölkerungskreisen, vor allem bei den wirtschaftlich Schwachen, deren Beschäftigungsfähigkeit und Kaufkraft weiter eingeschränkt werden, so daß sie sich keine kostspieligen Lebensmittel wie die verteuerten Äpfel mehr leisten können. Das verstärkt die Notwendigkeit des Lebensmittel-Hilfsprogramms, dessen Kosten dadurch noch weiter anwachsen.

Der verstärkte Einsatz von Kunstdünger bedeutet vermehrten Abbau von Phosphaten und anderen Mineralien, wodurch wiederum mehr Land zerstört wird und radioaktive Teilchen und andere Schadstoffe an die Luft abgegeben werden. Der Kunstdünger sickert in den Boden ein und gelangt schließlich in die natürlichen Wassersysteme, wo er Fische und andere Meereslebewesen schädigt, so daß die Versorgung mit eßbaren Fischen verringert wird. Mit Ausdehnung dieser Pyramide wird die Gesundheit der Bevölkerung immer stärker gefährdet und die Kostenspirale immer weiter nach oben getrieben.

> «Eine Schwäche unserer Zeit ist unsere offensichtliche Unfähigkeit, zwischen unseren Bedürfnissen und unseren Begierden zu unterscheiden.» – Don Robinson

Die altmodische Methode

In der Natur bilden sich anpassungsfähige, selbstreinigende und im Gleichgewicht befindliche Recycling-Systeme. Manchmal befinden sich die Eingriffe des Menschen in großem Einklang mit diesen Systemen.

> «Große Mutter der Äpfel, es ist eine schöne Welt!»
> – Kenneth Patchen

Früher, näher zur Spitze der Pyramide, gab es ein geschlossenes Ökosystem. Pferde lieferten einen Großteil

Die Peter-Pyramide wächst Schicht um Schicht.

der Energie, die die Landwirtschaft brauchte. Sie bekamen Futter, das weitgehend auf dem eigenen Hof angebaut wurde, unter anderem Falläpfel und das Gras, das zwischen den Obstbäumen wuchs. Der Kreislauf war komplett, wenn der Mist der Tiere zur Düngung des Obstgartens benutzt wurde. Selbst die Nährstoffe der menschlichen Ausscheidung wurden mit Hilfe von Sickergruben oder ähnlich einfachen Sanitäreinrichtungen an Ort und Stelle verwertet.

> «Lassen wir der Natur ihren Lauf; sie versteht ihr Geschäft besser als wir.» – MICHEL DE MONTAIGNE

Dieses Ökosystem hat man ersetzt durch eine Technologie, die zur Düngung des Obstgartens Chemikalien über große Entfernungen herbeischafft. Die Äpfel selbst werden zu ferngelegenen Städten transportiert. Die Ausscheidungen, die nach dem Verzehr der Äpfel anfallen, werden fortgespült und in Flüsse und Meere geleitet. Der ökologische Kreislauf ist durchbrochen und durch ein System ersetzt, das viel Energie verbraucht und die Umwelt belastet. Je höher der Kapitaleinsatz in der Landwirtschaft wird, desto mehr Kleinbauern müssen aufgeben, um schlecht bezahlte Arbeit anzunehmen oder von der Sozialhilfe zu leben. Dadurch steigen Regierungsausgaben, Steuern und Inflation, und das wiederum treibt den Preis der Äpfel in die Höhe.

> «Mehr wäre schlechter.» – KINGSLEY AMIS

Innerhalb des Wirkungs- und Einflußbereichs der Peter-Pyramide läßt sich wenig zur Verbesserung der Situation tun. Staatliche Subventionen für Kleinbauern würden die Inflationsrate noch weiter erhöhen. Und würde man einen

Höchstpreis festsetzen, würden weniger Äpfel angebaut. Die Pyramide scheint keine Möglichkeit zu bieten, die Bedürftigen anders mit Äpfeln zu versorgen als durch einen Ausbau des Wohlfahrtssystems.

> «Fortschritt ist die Fähigkeit des Menschen, Einfaches kompliziert zu machen.» – Thor Heyerdahl

Zwar sind die Äpfel selbst nie rationiert worden, doch die Versorgung mit Erdöl, von dem die Apfelwirtschaft wesentlich abhängt, war zeitweise stark eingeschränkt und kann es jederzeit wieder werden. Wenn Förderrückgang, OPEC-Kontrollen und Fehlzuteilung zur Krise führen, greift die Regierung mit einer Vielzahl energiepolitischer Maßnahmen ein, zu denen auch die Rationierung gehört. Jede Lösung bedeutet ein Mehr an zentraler Steuerung. Um Rationierung und Einsparungen durchzusetzen, muß das Problem der Zu- und Verteilung mit den verschiedensten technischen und behördlichen Maßnahmen gelöst werden. Das führt zu einem weiteren Anwachsen der Regierungsbürokratie, die auch so schon schwerfällig, langsam und unwirksam genug ist. Strengere Kontrollen der Energieerzeugung und des Energieverbrauchs gibt den Washingtoner Bürokraten noch mehr Machtbefugnisse bei der Gewinnung, der Zuteilung und dem Verkauf. Verstärkte staatliche Einmischung in ehemals private Bereiche wie den Ölverbrauch der Industrie, der Landwirtschaft oder des Privathaushalts schafft Widerstände. Interessengruppen machen ihren politischen Einfluß geltend, so daß es zu Fehlzuteilungen kommt. Der allgemeine Mißbrauch der Energievorkommen und anderer Ressourcen führt zu immer rascherer Erschöpfung der Reserven und beeinträchtigt den Anbau, die Verarbeitung und die Auslieferung der Äpfel in hohem Maße.

«Hört ihr Leut und laßt euch sagen,
in der Politik wird Schaum geschlagen.»
– Will Rogers

Das Peter-Pyramiden-Prinzip

Aus dem Beispiel, das in diesem Kapitel vorgestellt wurde, und aus allen folgenden Fallstudien ist zu ersehen, daß die umgekehrte Pyramide zu grenzenloser Ausdehnung fähig ist und daß die einfachste Aufgabe, wenn sie den verschlungenen Wegen und bürokratischen Prozessen der Verwaltungsorganisation ausgeliefert ist, außerordentlich schwierig, zeitraubend und sogar unüberwindlich werden kann.

Drei Phasen des Pyramidenwachstums

Beim Durchlaufen verschiedener Entwicklungsstufen liegt der Schwerpunkt einer Organisation jeweils in verschiedenen Bereichen.

Kundenzentrierte Phase

Apple City ist das Geschäfts- und Einkaufszentrum eines großen Apfelanbaugebietes. Tom, Dick und Mary sahen eine Möglichkeit, ihren Mitbürgern zu helfen und ein eigenes Unternehmen aufzumachen. Apple City hatte noch keinen privaten Zustelldienst, und sie fanden, daß sie ideale Voraussetzungen mitbrachten, um einen solchen Betrieb zu organisieren. Tom war gelernter Betriebswirt und hatte als Student einen Zustellwagen gefahren. Dick war ein erfahrener Kraftfahrzeugfahrer mit technischem Interesse und guten Kenntnissen in der Automechanik. Mary war Versandleiterin eines großen Warenhauses gewesen und war ebenfalls eine gute Autofahrerin.

Die drei bildeten neben einer Anzahlung für zwei Lieferwagen, einem gemieteten Büro und einem kleinen Werbeetat die einzigen Aktivposten von Speedy Delivery. Sie erledigten regelmäßige Aufträge für Stammkunden und Sonderaufträge auf Anfragen. Pakete, die im Büro abgegeben wurden, wurden auf der nächsten regelmäßigen Tour gegen bescheidene Festgebühr zugestellt. Das Geschäft ging gut. Die Partner waren bemüht, ihre Kunden zufriedenzustellen. Alle drei kannten das Geschäft, konnten auf Sonderwünsche eingehen und die Aufträge der Kunden erledigen, die ins Büro kamen. Sie handelten stets im Bewußtsein ihrer ursprünglichen Zielsetzung: nämlich die Zustellungsbedürfnisse der Geschäfts- und Privatleute von Apple City zu erfüllen. Ihnen war klar, daß ihre Aufgabe darin bestand, Kunden zu dienen – Menschen außerhalb ihrer Organisation. Dadurch daß sie anderen dienten, dienten sie sich selbst. Daran wurden sie ständig erinnert, weil alles, was sie taten, in irgendeiner Weise eine Reaktion auf äußere Bedingungen war, das heißt auf Kundenbedürfnisse.

Obwohl Tom, Dick und Mary alle ihre besonderen Aufgabenbereiche hatten, bewies das Trio viel Flexibilität. Jeder sprang ein, wo Not am Mann war, um einen bestmöglichen Service zu bieten. Wenn Mary mit einem Kunden telefonierte und ein anderer Kunde das Büro betrat, ließ Tom seine Buchhaltung im Stich, um sich dem Neuankömmling zu widmen. In dieser Anfangsphase war das Unternehmen eine kundenzentrierte Organisation.

«Zwischen den Karren gefeiert, war ich der Fürst der Apfelstadt.» – DYLAN THOMAS

Systemzentrierte Phase

Als die Aufträge immer zahlreicher eingingen, stockte das Unternehmen seinen Wagenpark auf, und als die Touren in immer entlegenere Gegenden von Apple Valley führten, mußte das Unternehmen seinen Aktionsradius erweiteren. Die Lieferungen gingen an andere Transportunternehmen – zum Busbahnhof, zu den Frachtbüros von Eisenbahn- und Lastwagenspeditionen, sogar zum Flughafen Apple Junction am anderen Ende von Apple Valley. Das alles erforderte neue Formulare und spezielle Kenntnisse über Frachtgebühren und Verpackungsvorschriften. Mit der Ausweitung des Geschäftes nahmen Personal und Büroarbeit zu. Rankin Fyle wurde als Büroleiter eingestellt und hatte die Aufgabe, die Organisation zu verbessern und die Mitarbeiter zu beaufsichtigen. Tom, Dick und Mary verbrachten immer mehr Zeit damit, die neuen Angestellten einzuarbeiten und Kundenbeschwerden zu beantworten. In dieser Phase waren solche Beschwerden ihr einziger Berührungspunkt mit der Kundschaft.

Rankin stellte eine zusätzliche Bürokraft ein, die nur zur Aushilfe da war, weil im Büro stets mindestens ein Angestellter ausfiel, sei es, daß er krank war, etwas Dringendes zu erledigen hatte, im Urlaub war, ein privates Telefongespräch führte, sich im Pausenraum aufhielt, eine Kaffeepause machte, zur ärztlichen Untersuchung oder anderweitig beschäftigt war. Der Büroleiter fertigte Zeitpläne und Stellenbeschreibungen an, so daß jeder wußte, was er zu tun hatte, und ein reibungsloser organisatorischer Ablauf gewährleistet war. In dieser Phase ließ sich das Unternehmen als systemzentrierte Organisation bezeichnen.

«Unsere kleinen Systeme haben ihre Tage.»
– Alfred Lord Tennyson

Verwaltungszentrierte Phase

Tom, Dick und Mary verließen sich auf die Mitarbeiterbesprechung am Montagmorgen, um sich über die Vorgänge in den verschiedenen Abteilungen ihres expandierenden Unternehmens zu informieren. Rankin übernahm die üblichen Aufgaben eines Direktors. Er entschied über Einstellung, Einsatz und Gehalt der Angestellten und kümmerte sich um die Kalkulation. Jeden Freitagnachmittag arbeitete er seinen Bericht für die Mitarbeiterbesprechung am Montagmorgen aus. Ihm ging es vor allem darum, daß der Bericht den Firmeninhabern gefiel. Rankins Bestreben, seinen Vorgesetzten zu gefallen, übertrug sich auf die anderen Angestellten. In dieser Phase galt das Augenmerk der Organisation vor allem internen Belangen. Im Gegensatz zur kundenzentrierten Phase, in der es darum ging, die Kunden zufriedenzustellen, diente nun der Kunde der Firma, indem er ihr seine Aufträge erteilte und sich ihrem System von Vorschriften und bürokratischen Verordnungen unterwarf. Als Pete Moss an den Schalter trat, mußte er komplizierte Formulare ausfüllen, sich mit seinen Paketen anstellen und warten, bis er an die Reihe kam. Der eine Angestellte machte Kaffeepause, die Aushilfe war in Rankins Büro, um ihre Urlaubszeit abzusprechen, die beiden anderen Angestellten saßen an ihren Schreibtischen. Einer versuchte am Telefon mehr Parkplätze auszuhandeln, der andere führte ein Privatgespräch, und niemand schien sich um die Kunden am Schalter Gedanken zu machen.

In dieser Phase wurde die Flexibilität durch Vorschriften und Pläne ersetzt. Stabilität galt mehr als Kreativität. Jede Ausnahme von der Regel konnte nach unten hin Verwir-

rung stiften oder, wie Rankin gesagt hätte, «die Befehlskette unterbrechen». Die Hauptsorge der Beteiligten schien zu sein, daß der gewohnte Gang des Betriebes gestört oder daß einem der Vorgesetzten auf den Schlips getreten werden könnte. Diese Konzentration auf interne Vorgänge und Empfindlichkeiten in der Führungshierarchie führte zu einer Abneigung gegen Kunden – Außenseitern, deren Bedürfnisse das reibungslose Funktionieren des Systems nur stören konnten. In dieser Reife- oder Endphase war das Unternehmen eine verwaltungszentrierte Organisation.

Bei einer der Montagmorgenbesprechungen schlug Rankin Fyle, um einen guten Eindruck auf Tom, Dick und Mary zu machen, eine Namensänderung der Firma vor. Speedy Delivery sei kaum ein passender Name für ein so bedeutendes und angesehenes Unternehmen. Vielmehr müßten die Namen der Gründer mit dem Unternehmen verknüpft sein. So heißt Speedy Delivery heute TDM-Services.

> «Nicht zufällig gehen Wagemut und Initiative verloren, wenn eine Organisation wächst und Erfolg hat... das scheint die Geschichte der Menschen, der Industrien, der Nationen und sogar der Gesellschaften und Kulturen zu sein. Erfolg verpflichtet – nicht zuletzt verpflichtet er, das festzuhalten, was man errungen hat. Deshalb kann die ganze Energie eines Menschen oder einer Verwaltung davon in Anspruch genommen werden, den Besitzstand zu wahren.»
>
> – Alex Bavelas

Die allumfassende Peter-Pyramide

Bevor unsere Vorfahren anfingen, das Land zu bebauen, gab es wenig, was sie hätten verteidigen können. Ein Stamm, der den Boden bestellte und säte und pflanzte, wollte auch die Ernte einfahren. Wenn Mitglieder eines anderen Stammes über ein Feld herfielen oder versuchten, die Ernte zu stehlen, wurden sie vertrieben. Die ersten Verteidigungswaffen waren Jagdkeulen, Grabstöcke oder andere primitive landwirtschaftliche Geräte.

Die Landwirtschaft war ein großer Schritt vorwärts in unserem edlen Unterfangen, uns zu zivilisierten Geschöpfen zu mausern. Sie brachte die Seßhaftigkeit, neue Lebensformen und die Spezialisierung der Stammesmitglieder zu Nahrungssammlern, Hirten und Jägern. Wir waren der Zivilisation schon ein beträchtliches Stück nähergerückt, bevor wir uns Kriegswaffen und Berufssoldaten zulegten.

Aus diesen bescheidenen Anfängen schufen wir allmählich die umfassendste Peter-Pyramide, die die Welt je gesehen hat. Heute werden mit militärischer Macht nicht mehr Erntefrüchte verteidigt, sondern in erster Linie politische Ideologien durchgesetzt. Die heutigen Waffenarsenale sind in der Lage, die Zivilisation zu vernichten, indem sie die menschliche Bevölkerung auslöschen und die Atmosphäre so gründlich verändern, daß auf Jahrzehnte keine Nutzpflanzen mehr wachsen würden.

«Die Welt ist ein Puzzle, bei dem ein Teil fehlt.»
– Ormly Gumfudgin

Rasches Wachstum

Die bisher angeführten Beispiele für Peter-Pyramiden zeigen, wie unter Einsatz von viel Zeit und Mühe eine Pyramide Schritt um Schritt aufgebaut werden kann. Im nächsten Fall werden wir sehen, daß auch aus einem winzigen Samenkorn, wenn es auf fruchtbaren Boden fällt, eine Pyramide emporschießen kann.

Ich hatte die Absicht, in diesem Buch zu beschreiben, wie sich einige der Probleme vermeiden lassen, die durch die Peter-Pyramide verursacht werden. Am 28. September 1974 erschien in der Zeitschrift «Business Week» ein Artikel mit dem Titel «Heublein-Manager mit Auffangposition». Nach diesem Artikel hatte das Heublein-Unternehmen eine Organisationsform entwickelt, die «Auffangposition» genannt wurde und leitenden Angestellten im Falle ihrer Beförderung garantierte, daß sie, wenn sie der neuen Aufgabe nicht gewachsen waren, auf eine Position zurückkehren konnten, die der alten zumindest gleichwertig war. Dadurch wollte man unnötiger Ballastbildung in den Vorstandsetagen vorbeugen, das Peter-Prinzip vermeiden und das Anwachsen der Peter-Pyramide eindämmen. Ich wollte einen Abschnitt aus diesem Artikel in das vorliegende Buch aufnehmen.

Anfang 1983 schrieb ich einen Brief an «Business Week», in dem ich um die Erlaubnis bat, besagten Beitrag abzudrucken, wobei ich eine Kopie anfügte, um die Länge des Zitats ersichtlich zu machen.

In einem Brief vom 21. März 1983 gestattete mir Eleanore M. Geraghty von der Abteilung für Abdruckrechte bei «Business Week» die einmalige, nichtexklusive Übernahme des betreffenden Artikels, wenn ich mit folgenden Bedingungen einverstanden war:

Auch aus dem kleinsten Samenkorn kann,
wenn es auf fruchtbaren Boden fällt,
eine Pyramide emporschießen.

1. Zahlung einer Copyrightgebühr von $ 100. Unsere Rechnung liegt bei.
2. Der Beitrag muß vollständig abgedruckt werden ohne Zusätze, Auslassungen, Unterstreichungen, Hervorhebungen oder andere Veränderungen.
3. Der Abdruck darf keine Werbung oder Reklame enthalten.
4. Wenn der Abdruck den Namen eines Unternehmens, ein Firmenzeichen oder den Hinweis auf ein Verkaufsbüro enthalten soll, müssen Sie diese Information vom Text des Nachdrucks durch eine Leerzeile abheben und die Werbung unterhalb dieser Zeile durch die Abkürzung «ADV» (für: advertising material) kennzeichnen.
5. Der Wortlaut der Quellenangabe muß lauten: «Nachdruck aus ‹Business Week› vom 28. September 1974 aufgrund einer Sondergenehmigung, © McGraw-Hill, Inc., New York 1974. Alle Rechte vorbehalten.»

Die Bedingungen erschienen nicht unbillig, wenn freilich auch eine gewisse Ironie darin lag, daß ich zahlen mußte, um einen kurzen Artikel über das Peter-Prinzip zu zitieren, in dem ich selbst zitiert wurde. Doch es gab noch ein paar Dinge, die der Klärung bedurften. Erstens, warum hatte ich eine Rechnung mit der Nummer 243875 von McGraw-Hill Publications Company, der Eigentümerin von «Business Week», erhalten, in der ich zur sofortigen Zahlung von $ 100 aufgefordert wurde, obwohl es im Verlagswesen üblich ist, für nichtexklusive Abdruckrechte erst zu zahlen, wenn man tatsächlich von ihnen Gebrauch macht? Ich fing gerade an, das Buch zu schreiben, und es konnten noch Jahre vergehen, bevor es erschien. Bevor ich mich noch mit den Bedingungen von «Business Week» einverstanden erklärt hatte, verlangte man schon Bezahlung. Zweitens wollte ich mit meinem Lektor Howard Cady klären, ob mir diese Abdruckgenehmigung die beabsichtigte Verwendung des Zitates erlaubte und ob sie meine Rechte und die meines Verlages William Morrow and Company nicht schmälerte.

In einem Brief vom 25. März 1983 legte ich Howard Cady meine Bedenken dar und bat ihn, sich direkt mit der McGraw-Hill Publications Company in Verbindung zu setzen und festzustellen, ob man zu einer Regelung kommen könnte, die für «Business Week», William Morrow und mich gleichermaßen annehmbar war.

In einem Telefongespräch zwischen Howard Cady und Eleanore Geraghty, Abteilung für Abdruckgenehmigungen bei «Business Week», wurde vereinbart, daß die Zahlung bei Erscheinen des vorliegenden Buches zu leisten wäre. Etwas beeinträchtigt wurde das Gespräch durch Frau Geraghtys Bemerkung, daß ich McGraw-Hill zwar keinerlei Geld schulde, daß aber die Rechnung leider schon im Computer sei und ich deshalb angemahnt werden würde. Man bat mich, «die Mahnungen einfach zu ignorieren».

Inzwischen konnte man bei McGraw-Hill meine ursprüngliche Anfrage nicht mehr ausfindig machen, in der ich dargelegt hatte, wie ich den betreffenden Artikel zu verwenden gedachte. Deshalb bat man Howard Cady um nähere Informationen dazu.

In einem Brief vom 1. Juni 1983 an Eleanore Geraghty faßte Howard Cady zusammen, was wir hinsichtlich der Verwendungsweise des Zitats besprochen hatten, und erklärte, es würde wie im Originalartikel in einen Kasten gesetzt und im Schlußkapitel des Buches erscheinen.

In einer «Mahnung für überfällige Zahlungen» in Höhe von $ 100 mit Datum vom 9. Juni 1983, die von der Kreditabteilung der McGraw-Hill Publications Company stammte, wurde ich darauf hingewiesen, daß prompte Zahlung meiner Firma ein günstiges Kreditlimit sichern würde.

Die Mahnungen flatterten mir in regelmäßigen Abständen ins Haus, bis ich am 28. Juli 1983 von einem Unternehmen für Computerkontrolle und Einziehung mit Namen COLLECTRONICS die Nachricht erhielt, daß meine Rückstände bei McGraw-Hill der Firma COLLECTRONICS zwecks Einziehung übertragen worden seien. COLLECTRONICS gab eine Adresse in Hicksville, New York, an sowie die Telefonnummer 609–448–1700, unter der eine gewisse Jean Kerrigan zu erreichen sein sollte. Ich rief an, aber die Nummer hatte sich geändert. Auch mit der neuen Nummer versuchte ich mehrfach mein Glück, doch ich erreichte weder COLLECTRONICS noch Jean Kerrigan. Deshalb schrieb ich besagter Jean Kerrigan und setzte ihr auseinander, daß ich McGraw-Hill die $ 100 noch nicht schuldete und daß sie die ganze Angelegenheit deshalb an McGraw-Hill zurückgeben sollte.

Auf diesen Brief bekam ich zwar keine Antwort, dafür aber ein Telegramm vom 11. August 1983, das als «Dringend» gekennzeichnet war und von dem COLLECTRONICS-Mitarbeiter A. Farber stammte. Unter anderem hieß es dort:

> Habe McGraw-Hill Publications vorgeschlagen, rechtliche Schritte gegen Sie einzuleiten, um den oben genannten Betrag zuzüglich Verzugszinsen, Gerichtsgebühren und aller anderen anfallenden Kosten einzuziehen.
>
> Wenn McGraw-Hill Publications unserer Empfehlung folgt, können Sie gegen diese Maßnahme auf ei-

gene Kosten Einspruch erheben. Wenn Ihr Einspruch abgelehnt wird, kann es zu einem Versäumnisurteil und zur Pfändung Ihres Eigentums kommen.

Wenn Sie nicht innerhalb von 72 Stunden nach Erhalt dieser Nachricht den obengenannten Betrag bezahlt haben, gehen wir davon aus, daß Sie zahlungsunwillig sind, und werden entsprechende Schritte einleiten.

Wegen des dringlichen Tons von A. Farbers Telegramm und da Howard Cady im Urlaub war, rief ich Lawrence Hughes an, den Verlagsleiter von William Morrow, und schilderte ihm, was sich in den letzten Monaten zugetragen hatte. Da William Morrow eine Tochtergesellschaft der Hearst Corporation geworden war, schlug er vor, Richard Sugarman, einen für Hearst tätigen Anwalt einzuschalten. Ich sollte indessen A. Farber von COLLECTRONICS davon in Kenntnis setzen. Am 14. August 1983 schickte ich A. Farber einen Brief, in dem es unter anderem hieß:

Ich habe Ihnen mitgeteilt, daß sich McGraw-Hill im Irrtum befindet, aber Sie drohen mir trotzdem mit rechtlichen Schritten. Darin sehe ich eine grundlose Belästigung.

Über meinen Verlag William Morrow & Company Ltd. habe ich jetzt den Anwalt Richard Sugarman von der Hearst Corporation, 8th Avenue 959, New York, NY 10019, eingeschaltet, damit er gerichtlich gegen Sie vorgeht, falls Sie mit Ihren Belästigungen und Drohungen fortfahren, die meinem Ruf und meiner Kreditfähigkeit schaden können.

Am 22. August 1983 erhielt ich einen Telefonanruf von Jean Kerrigan, die, wie ich jetzt erfuhr, Leiterin der Kreditabteilung bei McGraw-Hill war. Sie entschuldigte sich dafür, daß ich diese Mahnungen erhalten hatte, obwohl ich meine Bitte um Abdruckrechte längst rückgängig gemacht hatte. Als ich ihr erklärte, daß ich das Gesuch nicht zurückgezogen hätte, sondern daß mit Eleanore Geraghty von der Abteilung für Abdruckgenehmigung der «Business Week» vereinbart worden sei, die Abdruckgebühren erst bei Veröffentlichung meines Buches zu bezahlen, leugnete sie die Existenz einer solchen Abmachung. An diesem Punkt war ich etwas verwirrt, denn sie entschuldigte sich für die Nichteinhaltung einer Vereinbarung, von der sie behauptete, sie sei gar nicht zustande gekommen.

Während Howard Cadys Urlaub hatte Liz Crosby von William Morrow die Verhandlungen in Sachen Laurence Peter und der $-100-Abdruckgenehmigung weitergeführt. Dieser Umstand und meine frühere Mitteilung an COLLECTRONICS zu Händen Jean Kerrigan, wurde am 22. August 1983 in einem Brief von Jean Kerrigan, Leiterin der Kreditabteilung von McGraw-Hill, gewürdigt.

> Ich muß mich dafür entschuldigen, daß Sie noch einen weiteren Brief von COLLECTRONICS bekommen haben, obwohl sich die oben erwähnte Rechnung durch Ihre Mitteilung und durch den Anruf Liz Crosbys von William Morrow & Co. Ltd. erledigt hatte.
>
> Bitte seien Sie versichert, daß der Rechnungsbetrag gestrichen worden ist und daß Sie fortan von McGraw-Hill Publications oder Collectronics nichts mehr hören werden.

Bis zu diesem Punkt hatte also der Versuch, eine Abdruckgenehmigung zu erhalten, die Zeitschrift «Business Werk», McGraw-Hill Publications Company, COLLECTRONICS Corporation, William Morrow and Company und Hearst Corporation beschäftigt. Er hatte mehrere Dutzend Briefe und Memoranden sowie acht

Monate Mühe gekostet. Eleanore Geraghty von der Abteilung für Abdruckgenehmigung bei Business Week, Jean Kerrigan, Leiterin der Kreditabteilung von McGraw-Hill, A. Farber von COLLECTRONICS, Liz Crosby, Verlagsvolontärin, Howard Cady, Lektor, Lawrence Hughes, Verlagsleiter von William Morrow, und Richard Sugarman, Anwalt der Hearst Corporation, hatten tätig werden müssen, dazu all die nicht genannten Assistenten, Sekretärinnen und Computer.

Selbst die Versicherung, daß die Angelegenheit damit erledigt sei, hat mich nicht beruhigen können, denn die Unzuverlässigkeit der früheren Versicherungen hat mich davon überzeugt, daß die Gefahr eines erneuten Anwachsens der Pyramide zu groß ist und daß es besser ist, auf das Zitat zu verzichten.

> «Das Merkmal unserer Zeit ist die Spannung zwischen vergeblichen Sehnsüchten und trägen Institutionen.»
>
> – John Gardner

Bei allen meinen Pyramidenstudien habe ich ein durchgehendes Prinzip am Werk gesehen. Verfahren, die einfach und effektiv beginnen, enden umfangreich und wirkungslos. Programme, die nach dem Motto «small is beautiful» beginnen, enden in einem großen, häßlichen Durcheinander. Pläne, die klar und verständlich beginnen, enden verwickelt und unverständlich. Projekte, die in überschaubarem Rahmen beginnen, enden als unpersönliche, schwerfällige, völlig unangemessene Bürokratien. Die Tendenz, mit einfachen, funktionierenden Gebilden zu beginnen, um sie anschließend zu komplizierten, nebulösen, ohnmächtigen Strukturen aufzublähen, verlangte weitere Erklärungen und Untersuchungen. Um diese Tendenz von

Die Peter-Pyramide:
Systeme fangen klein an und wachsen dann,
bis sie all unsere Zeit
und all unseren Raum in Anspruch nehmen.

Organisationen zu vereinfachen und zu verdeutlichen, habe ich ein schlichtes Prinzip aufgestellt: *Die Peter-Pyramide: Systeme fangen klein an und wachsen dann, bis sie all unsere Zeit und all unseren Raum in Anspruch nehmen.*

> «Häuftest du nur ein Geringfügiges auf ein Geringfügiges und wiederholtes du es oft genug, so würde auch dies bald groß werden.» – Homer

3
Pathologische Pyramiden

> «Wann immer sich ein Mensch bei eifriger Pflichterfüllung einer Aufgabe gewachsen zeigt, so wird sie nach meinen Beobachtungen von zwei Personen schlechter bewältigt, und sie wird kaum geleistet, wenn drei oder mehr mit ihr betraut sind.»
>
> – George Washington

Die «Encyclopaedia Britannica III» definiert Bürokratie als «Beamtenorganisation, die durch eine pyramidenförmige Hierarchie und unpersönliche, gleichbleibende Zuständigkeiten und Verfahrensregeln gekennzeichnet ist».

> «Wenn sich die erste Person, die sich am Telefon meldet, deinen Anruf nicht beantworten kann, dann ist es eine Bürokratie.» – Lyndon B. Johnson

Bürokraten bilden das bleibende Gerüst der Regierung in der Hauptstadt. Sie sind zuständig für die Gerichtsbarkeit, den diplomatischen Dienst, das Militär und andere Regierungsbereiche. Sie sind Staatsbeamte und brauchen keine Wählerstimmen, um an die Macht zu kommen.

> «Die Regierung ist zu groß und zu wichtig, um sie den Politikern zu überlassen.» – Chester Bowles

In den Vereinigten Staaten sind 2,9 Millionen Bürger im öffentlichen Dienst tätig, 2,3 Millionen sind bei den Streitkräften, und 3 Millionen arbeiten aufgrund von Rüstungsverträgen und ähnlichen Abkommen ausschließlich für die Bundesregierung. Das sind insgesamt 8,2 Millionen oder 10 Prozent aller amerikanischen Beschäftigten. Seit 1802 ist die Bevölkerung der USA auf das Fünfundfünfzigfache angewachsen, die Zahl der Bundesbediensteten aber auf das Fünfhundertfache. Das ist nur die Spitze des bürokratischen Eisbergs. Neben den Staatsbediensteten gibt es noch weitere zwölf Millionen Berufstätige, die bei Bundesstaaten und Kommunen beschäftigt sind, und weitere vier Millionen sind bei Firmen, die der Form nach privat sind, aber ausschließlich für die öffentliche Hand arbeiten. Alles in allem ist mehr als ein Viertel aller US-Amerikaner beim Staat und seinen Institutionen angestellt.

«Ich vermute stark, daß ein Schriftstück mit dem Vermerk ‹Nicht zur Ablage› in der Ablage unter der Rubrik ‹Nicht zur Ablage› eingeordnet wird.»
– Senator Frank Church

«Dschingis Khan eroberte Asien mit einer Armee, die nur halb so groß war wie das Beamtenheer von New York City.»
– Emanuel Savas

«Von der Regierungsebene abwärts gibt es große Bereiche in der Bürokratie, die ausschließlich Information sammeln – unbefristet, wenn es sein muß –, um nicht handeln zu müssen.»
– Meg Greenfield

«Wer mit dem Außenministerium zu tun hat, hat das Gefühl, er beobachtet, wie eine trächtige Elefantenkuh an Leibesumfang zunimmt.»
–Franklin D. Roosevelt

«Die Bürokratie ist ein Riesenmechanismus, der von Pygmäen bedient wird.» – Honoré de Balzac

«Angehörige des öffentlichen Dienstes hassen es vor allem, der Öffentlichkeit zu dienen.»
–Kin Hubbard

Die Staatsdiener sind damit beschäftigt, die Gesetze und Verordnungen des Landes anzuwenden. Die offizielle Liste der Verordnungen im Federal Register umfaßt mehr als sechzigtausend Seiten und nimmt im Regal fast fünf Meter ein. Wie ein Schneeball, der talwärts rollt, nimmt ihr Umfang ständig zu. Jedes Jahr verabschiedet der Kongreß etwa zweihundert zusätzliche Gesetze, und die Bundesbehörden fügen ungefähr siebentausend Verordnungen hinzu. Im übrigen Lande setzen die gesetzgebenden Körperschaften Tag für Tag sechshundert neue Gesetze in die Welt. Ständig müssen neue Ämter, Behörden, Abteilungen, Kommissionen und Bürokratien eingerichtet werden, um dieser Flut von Vorschriften Geltung zu verschaffen.

Selbst die scheinbar einfache Veränderung einer Bundesvorschrift wie des Employee Retirement Income Security Act aus dem Jahre 1974, eines Gesetzes zur Alterssicherung von Arbeitnehmern in kleinen Unternehmen, kann schließlich zur Einrichtung einer Bürokratie mit mehreren tausend Angestellten führen. Im Falle des Retirement Act war der Kongreß der Auffassung, daß Arbeitnehmer durch die kleinen privaten Pensionskassen nicht hinreichend abgesichert waren. Das Gesetz, das der Kongreß daraufhin verabschiedete, umfaßte 247 engbedruckte Seiten und bedurfte zu seiner Anwendung dreier unabhängiger Bundesbehörden. Jede dieser Behörden erließ eigene Vorschriften, hatte ihre eigenen Durchführungsbestimmungen und Auslegungen. Mit dem ausufernden Papierkrieg wuchs die Zahl der Mitarbeiter und schwoll die Bürokratie an. Viele Unternehmen, die vorher ihre eigene Pensionskasse gehabt hatten, streckten vor so viel bürokratischem Eifer die Waffen und ließen ihre Programme fallen. Am Ende gab es mehr Bürokratie und ein größeres Beamtenheer, die vom Gesetzgeber gewollte Alterssicherung von Arbeitnehmern in kleineren Unternehmen lag allerdings noch immer im argen.

Zu klein oder zu groß, Fall neun

Die Gemeinde South Lake in Texas wandte sich an die Farmers Home Administration, eine Behörde, die unter anderem für die Unterstützung ländlicher Gemeinden zuständig ist, und bat um Hilfe für den Ausbau ihres Wasser- und Kanalisationssystems. Nach sorgfältiger Prüfung erklärten die zuständigen Beamten der Farmers Home Administration (FHA) den Bewohnern von South Lake, daß ihre Gemeinde zu groß sei, um für das FHA-Programm in Frage zu kommen. Die FHA riet South Lake, sein Glück beim Ministerium für Wohnungs- und Städtebau (HUD) zu versuchen. Dazu war eine neue Eingabe mit neuen Formularen und neuen, den Richtlinien des Ministeriums entsprechenden Informationen erforderlich. Nachdem die zuständigen Beamten im Wohnungsministerium den Fall durch ihre Bürokraten hatten prüfen lassen, teilten sie South Lake mit, daß die Gemeinde zu klein sei, um für das Programm des Ministeriums in Frage zu kommen, und rieten South Lake, sich wieder an die FHA zu wenden. Als die zuständigen Beamten der FHA den neuen Antrag geprüft hatten, kamen sie zu dem Schluß, daß sich das Problem seit dem ersten Antrag verschlimmert hätte. Anscheinend sei die Gemeinde inzwischen gewachsen. Abermals wurde South Lake empfohlen, sich an das Wohnungsbauministerium zu wenden. Doch das Ministerium beschied South Lake, es sei noch immer zu klein für das Programm und es sei zu bezweifeln, daß es jemals dafür in Frage käme, bevor es sich ein besseres Wasser- und Kanalisationssystem zugelegt habe. – James H. Boren

Die Ironie liegt darin, daß unser Staat in der Neuen Welt einst gegründet wurde, um solche Vorkommnisse zu verhindern. In der Unabhängigkeitserklärung stellte Thomas Jefferson in einer Reihe von Anklagepunkten gegen den König von England fest: «Er hat eine Vielzahl neuer Ämter eingerichtet und Heerscharen von Beamten herübergeschickt, die unser Volk peinigen und ihm das Blut aussaugen.» Der Staat, der aus dem tiefen Widerwillen gegen einen übermächtigen Regierungsapparat entstand, ist heute selbst ein Musterbeispiel für eine übermächtige Regierungsbürokratie, so umfangreich, daß sie sich in ihren

HANDBUCH DER BÜROKRATISCHEN UNTÄTIGKEIT

DIE ZEHN BELIEBTESTEN AUSWEICHMANÖVER

1. Sie brauchen eine schriftliche Genehmigung von oben

2. Nicht bevor Sie einen Antrag gestellt haben

3. Dafür sind wir nicht zuständig

4. Das haben wir noch nie gemacht

5 a) Das hat noch keiner gemacht
b) Jemand anders hat es versucht
6. In unserer Abteilung wird es nicht auf diese Weise gemacht
7. Reichen Sie sieben Ausfertigungen ein, und man wird Ihr Gesuch später prüfen
8. Sie werden Bescheid erhalten
9. Das wäre gegen alle üblichen Gepflogenheiten
10. Ihr Antrag wurde zu den Akten genommen

einzelnen Gliedern gar nicht mehr aufzählen läßt. Die Bürger müssen sich gegen ihre eigene Regierung schützen, indem sie sich von Anwälten, Buchhaltern und Steuerberatern bei der Erfüllung der Bundesgesetze und Vorschriften helfen lassen. Und selbst diese Fachleute sind häufig nicht in der Lage, die Regierungserlasse richtig auszulegen. Die Regierungsbürokratien sollten zum Staatsfeind Nummer eins erklärt werden – aufgebläht, unnütz und rücksichtslos denen gegenüber, denen sie angeblich dienen sollen.

Wenn bereits jeder zehnte für die Bundesregierung arbeitet, ist es unvermeidlich, daß die Präsenz dieser Bürokratie unser Leben zunehmend bestimmt. Ein Aspekt dieser Präsenz kam in dem Bericht der Regierungskommission zur Überprüfung der Schreibarbeiten zur Sprache, wo es hieß, daß uns das Ausfüllen von Formularen durch Einzelpersonen und Körperschaften im Jahr ungefähr vierzig Milliarden Dollar kostet. Das ist mehr, als jährlich für alle Grund- und weiterführenden Schulen ausgegeben wird.

> «Rußland wird nicht von mir regiert, sondern von zehntausend Kanzleibeamten.»
>
> – Zar Nikolaus I.

Die Staatsbürokratie ist das Musterbeispiel einer Peter-Pyramide. Gelegentlich mag das unbemerkt bleiben, weil die offizielle oder theoretische Verwaltungspyramide auf den Füßen steht. Das erklärt, warum so viele Behörden, die auf dem Papier funktionieren, in der Wirklichkeit so klägliche Ergebnisse erzielen. Gelegentlich nistet sich eine auf den Kopf gestellte Pyramide in der richtig aufgebauten, offiziellen Organisation ein. Bei der Lektüre dieses Kapitels über die Regierungsbürokratie sollte der Leser im

Gedächtnis behalten, daß es ähnliche Pyramiden in religiösen, wirtschaftlichen, gewerkschaftlichen und anderen nicht zur Regierung gehörigen Organisationen gibt und daß die Vereinigten Staaten kein Monopol für umgekehrte Pyramiden besitzen. Man findet sie in jeder Bürokratie, unabhängig vom politischen System.

Viehzucht, Fall 57

Auf, auf, Hüteknabe, komm, stoß in dein Horn.
Das Schaf ist im Gras,
Die Kuh ist im Korn.
Wer wacht nun über das Schaf?
Der Knabe im Heu hält tiefen Schlaf.

Die Weisung aus Washington

Gemäß dem abgeänderten Gesetz vom 6. Juni 1923 haben wir eine sorgfältige Prüfung der Notwendigkeit für ein angemessenes Signalsystem auf Weiden und angrenzenden Grundstücken vorgenommen. Die einheitliche Regelung der Signalpraktiken in diesen Gebieten soll sich, wenn möglich, nach den Normen richten wie in der Weisung vom 7. Juli festgelegt.

Nach Abwägung der übergeordneten Gesichtspunkte ist unser Ausschuß nach wiederholten Anhörungen zu dem Ergebnis gekommen, daß zur Wiederherstellung von Vertrauen und Ordnung folgende Maßnahmen erforderlich sind:

1. Die sofortige Beschleunigung des gesamten Hornsignalprojektes.

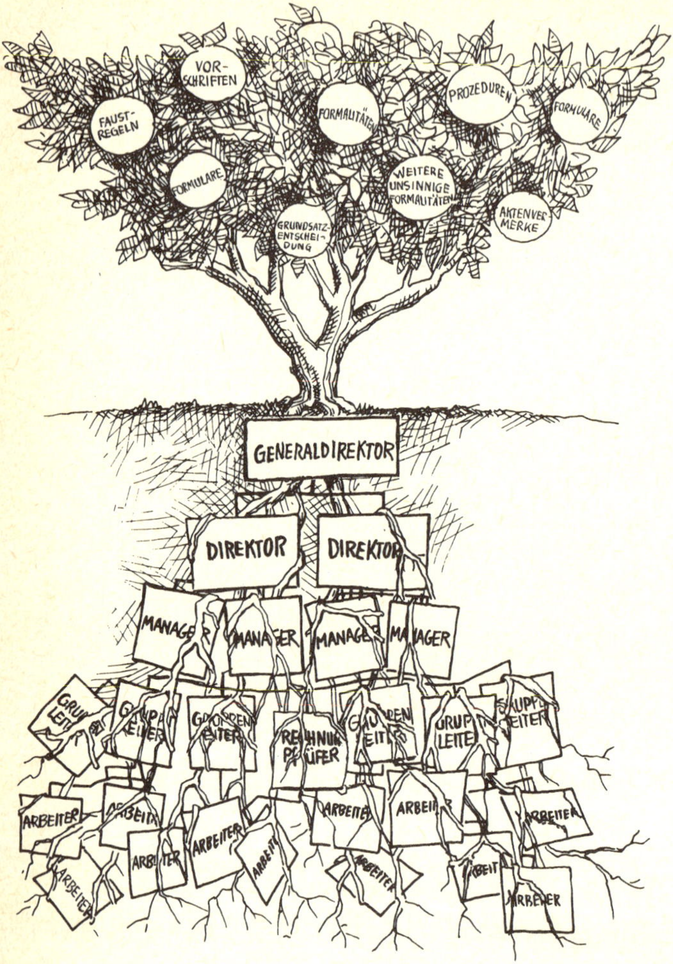

Wo die Entscheidungsstruktur
auf die entscheidende Struktur trifft.

2. Eine Untersuchung mit dem Ziel, einen normativen Rahmen festzulegen für die Anzahl der Hornstöße, die abzugeben sind, wenn die Kühe auf der Weide sind.
3. Ein Signalsystem, in dem ein Signal enthalten sein muß, das sich leicht vom obengenannten unterscheiden läßt, wenn bekannt wird, daß die Schafe im Korn sind.
4. Ermächtigung für eine Untersuchung der gesamten landwirtschaftlichen Situation und eine Prüfung der Signalhornkrise unter besonderer Berücksichtigung der Möglichkeit, die Hornsignale gemäß der sogenannten Kleinen Heuhaufen-Regelung auf die Aprilhäufigkeit einzugrenzen.
5. Eine Kongreßstudie zur Feststellung der Zahl der Wiesen im Lande, der Quadratkilometer Kornfelder und der Migrationsgewohnheiten von Schafen und Rindern.
6. Eine landesweite Erhebung, um zu ermitteln, wie viele Knaben im Lande damit beauftragt sind, über Schafe zu wachen.
7. Eine Untersuchung, in der festzustellen ist, ob diese Knaben unter einem übermäßigen Hang zu Faulheit oder Schlafsucht leiden.
8. Die Bewilligung von fünf Millionen Dollar zur Lösung des Heuhaufenproblems, zur angemessenen Verteilung der Signalhörner und zur Einleitung der notwendigen Schritte, um die bewilligten Maßnahmen abzustimmen, zu registrieren und zu koordinieren.

US-Behörde für Kühe, Schafe & Heuhaufen
Washington D. C.

* Quelle: US-Landwirtschaftsministerium, Ausbildungsleitfaden Nr. 7

Am Anfang

Das Wort «bureau», das im Französischen ein Amts- oder Arbeitszimmer bezeichnet, im weiteren Sinne auch eine Abteilung, eine Dienststelle oder ein Amt, bezeichnete im 17. Jahrhundert nur eine bestimmte Art von Schreibtisch, eine Bedeutung, die das Wort in seiner Ursprungssprache noch heute besitzt. Es entsprach nur dem Lauf der Welt, daß aus dem Schreibtisch, in dem der Vorarbeiter die Unterlagen über die Arbeit seiner Abteilung aufbewahrte, das «Bureau des Œuvres Publiques» erwuchs, die Behörde für öffentliche Arbeiten.

> «Leute, die im Sitzen arbeiten, werden besser bezahlt als Leute, die im Stehen arbeiten.» – OGDEN NASH

Aus dem Schreibtisch jedes Vorarbeiters entstand eine Behörde. Aus Verwaltungsgründen wurden die Mitarbeiter dieser Büros hierarchisch gegliedert, und die Macht dieser Büros wurde als Bürokratie bezeichnet. Die Belegschaft des Büros bestand aus nicht gewählten Beamten, die als Verwaltungsangestellte, Staatsbedienstete oder Bürokraten bezeichnet wurden. Um das Überleben der jungen Bürokratie zu sichern, wurden strenge Vorschriften erlassen und genau definierte Zuständigkeiten festgelegt. In rechtlichen Zweifelsfällen wurden neue Vorschriften erlassen, die die Verantwortung der Beamten noch genauer eingrenzten. Je zahlreicher die Vorschriften und Durchführungsbestimmungen wurden, desto lähmender erwiesen sie sich für wirksames Handeln, doch zur Überwindung der eigenen Lähmung durch Vorschriften fielen allen Bürokratien stets nur noch mehr Vorschriften ein. Diese Verwaltungsstruktur wurde in die amerikanischen Kolonien importiert und blühte und gedieh in ihrer Neuen Welt.

«Bureau»
aus dem 17. Jahrhundert

Erklärung orphischer Verwaltungssprüche

Die folgenden Wendungen stammen aus Regierungsverlautbarungen. Die Übersetzungen besorgten Angehörige der betreffenden Bürokratien.

Ausschaltung ohne Ansehen der Person – *Mord*
Informationspolitik zur grundsätzlichen Haltung der Regierung – *offizielle Lügen*
gesundheitsschädlicher Lebensstil – *Trunksucht*
autark arbeitender Beatmungsapparat – *Gasmaske*
Vorgehen im Rahmen der bisher geltenden Richtlinien – *der alte Schlendrian*
eine günstige Erfolgsbilanz – *gewinnen*
Technologietransfer – *Wirtschaftsimperialismus*
Großprojekt – *ein fettes Geschäft*
langfristige Revision der Zielsetzungen und Richtlinien – *Suche nach neuen Ideen*
Einfluß des Preisklimas – *Kosten*
die unmittelbare Ausführung vertagen – *aussitzen*
angemessene Mittel zur langfristigen, effektiven Planung – *Geld*
Klimaverbesserung – *Anbiedern*
Korrektur von Mängeln, die sich in dem Zeitraum zwischen dem Abschluß der Planungsarbeiten und dem Beginn der Ausführung herausstellen – *Flickschusterei*

«Büro»
des 20. Jahrhunderts

Der Triumph der Bürokratie

Bevor ich begriffen hatte, wie Bürokratien funktionieren, war ich verwirrt, als ich die folgende Schlagzeile las: MILLIONÄR BEZIEHT SOZIALHILFE! Doch nachdem ich die offizielle Erklärung gelesen hatte, war mir klar, daß alles seine Ordnung hatte. Gary Lashomb, ein einunddreißigjähriger Supermarktangestellter hatte in der New Yorker Lotterie eine Million Dollar gewonnen. Als er später seine Stellung verlor, beantragte er Arbeitslosenunterstützung. Ein zuständiger Beamter erklärte, Lotteriegewinne schlössen den Erhalt solcher Bezüge nicht aus.

> «Es ist nur ein Schritt vom Erhabenen zum Lächerlichen, aber es führt kein Weg zurück vom Lächerlichen zum Erhabenen.» – LION FEUCHTWANGER

Die «Washington Post» berichtete, daß nach einer seriösen Untersuchung die Rassentrennung in den öffentlichen Schulen San Franciscos während eines *busing**-Programms für 185 Millionen Dollar schlimmer war als vorher. Doch solange das Geld für das *busing* ausgegeben wurde, war nach Ansicht der Schulbehörde alles in Ordnung.

> «Man mag einen wohlgeordneten Staat mit wohlbedachten Gesetzen haben, er gerät doch zur Farce, und seine Gesetze bleiben verlorene Liebesmühe, wenn man unfähige Staatsdiener einsetzt, um sie anzuwenden.» – PLATO

J. Ralph Corbett stiftete der Stadt Cincinnati 160000 Dollar für einen neuen Konzertsaal und mußte feststellen, daß

* die tägliche Beförderung von Kindern aus den Armengettos in die Schulen besserer Wohnbezirke (A. d. Ü.)

sich Großzügigkeit nicht auszahlt. Eine Woche später erhielt er von der Stadt eine Rechnung über weitere 6080 Dollar. Es handelte sich um eine Gebühr für die Stiftung. Damit war die Einheitlich Bürokratische GrundOrdnung (EBGO) wieder hergestellt.

Bei einem Rundgang durch seine Abteilung entdeckte der neuernannte Leiter einer Verkehrsbehörde im Mittleren Westen einen Raum, der bis zur Decke mit Aktenschränken aus Metall vollgestopft war. Ihm wurde berichtet, daß in diesen Schränken die Unterlagen aller Kraftfahrzeugvermietungen des betreffenden Bundesstaates aufbewahrt wurden. Die Akten waren bei einem Stab von Mitarbeitern, die von einer tiefen Liebe zum Alphabet beseelt waren, in besten Händen.

Der neue Leiter war von der Tüchtigkeit seiner Abteilung beeindruckt. Er wandte sich schon zum Gehen, als ihm noch eine Frage einfiel: «Was machen wir mit diesen Unterlagen?» Die Antwort wurde ihm so feierlich gegeben, als sei sie eine erschöpfende Erklärung: «Was wir mit ihnen tun? Wir heften sie ab.»

Weitere Fragen ergaben, daß noch nie eine Akte den Raum verlassen hatte. Das Abheften der Autovermietungen hatte überhaupt keinen Sinn. Ein weiteres Beispiel dafür, daß die Einheitlich Bürokratische GrundOrdnung (EBGO) über jeden Sinn und Zweck gestellt wird.

> «Sie haben mich zu diesem schrecklichen wissenschaftlichen Irrtum verleitet: dem Austausch unwichtiger, beantwortbarer Fragen gegen wichtige Fragen, die sich nicht beantworten lassen.»
>
> – Donald Kennedy
> beim Ausscheiden aus der Kommission der amerikanischen Lebensmittelbehörde

Die Kultur schrumpft in dem Maße,
wie sich die Bürokratie aufbläht.
– VICTOR YANNACONE

Der Bürokrat

Mit dem Anwachsen der bürokratischen Pyramide läßt sich die Aufgabe des Bürokraten Außenstehenden immer schwerer erklären. Selbst wenn der Bürokrat einen Titel hat wie Koordinator, Planungsleiter, Geschäftsführer, Direktor, Regierungsrat oder Ministerialdirigent – Titel, die an irgendeine Form produktiver Tätigkeit denken lassen –, so wird er in der Regel damit beschäftigt sein, Vorschriften anzuwenden oder zu befolgen, den Amtsschimmel zu pflegen, Papierberge vor sich herzuschieben, Ausweich- und Abwehrmanöver auszuführen.

Anmerkung: Das folgende Dokument wurde in den Akten eines verstorbenen Bürokraten gefunden.

Zen und die Kunst des bürokratischen Seelenfriedens

Bewahre den Frieden des Herzens inmitten des Getriebes und Getöses der Welt, und bedenke, wieviel Labsal in der Untätigkeit liegen kann. Stelle dich, wenn irgend möglich, gut mit allen anderen Bürokraten. Sprich ruhig und deutlich, und höre anderen zu, selbst wenn sie dumm und unwissend sind, denn auch sie besitzen Informationen für deine Akten. Meide laute und aggressive Menschen, sie sind Gift für den bürokratischen Geist. Wenn du dich an anderen mißt, kannst du zornig und unzufrieden werden, denn es wird immer wichtigere und unwichtigere Men-

schen geben und solche, die in der Hierarchie über dir oder unter dir stehen. Genieße die Macht, die dir und deiner Abteilung gegeben ist. Lasse dir deine Karriere angelegen sein, wie bescheiden sie auch immer sein mag. Sie ist dein Halt und deine Sicherheit in den Wechselfällen des Lebens. Sei wachsam in den Geschäften deines Unternehmens oder deiner Abteilung, denn die Welt ist voller böser Schliche. Aber vergiß darüber nicht den Wert deines Amtes. Deshalb hüte dich vor Menschen, die nach hohen Idealen streben oder voller Heroismus sind. Sei du selbst, doch bleibe im Rahmen geltender Richtlinien. Vor allem, denke nicht gering von den Vorschriften, denn angesichts der Dummheit und Nüchternheit unserer Zeit findest du Geborgenheit nur noch in der ewigen Geltung der Vorschriften. Nimm dir den Rat des Alters zu Herzen, und laß die Gedanken der Jugend fahren. Anpassung und nicht geistige Unabhängigkeit wird dir Schutz in plötzlicher Not gewähren. Viele Ängste werden aus der Langeweile geboren, deshalb stürze dich in das Labyrinth sinnloser Dienstwege. Wo dir die peinliche Befolgung der Vorschriften die Zeit dazu läßt, sei freundlich zu dir selbst, denn du bist ein Teil des Universums, nicht anders als die Bäume und die Sterne: Du hast ein Recht, hier zu sein. Und ob du es merkst oder nicht, das Universum geht den Weg, den es gehen muß.

Deshalb lebe in Frieden mit der Bürokratie, was immer du dir auch unter IHR vorstellst. Ganz gleich welche Wünsche und Hoffnungen dich durch die Wirrsal des Lebens begleiten, halte Frieden mit deiner Abteilung. Trotz aller Schwindelei, Plackerei und enttäuschter Hoffnung ist sie ein wundervolles System. Sei zufrieden! Strebe nach Glückseligkeit!

Manche Menschen werden mittelmäßig geboren,
manche Menschen bringen es zu Mittelmäßigkeit,
und manchen Menschen wird Mittelmäßigkeit
aufgezwungen.
–Joseph Heller

Werfen wir einen Blick auf die Bedingungen, die zur Entwicklung jener besonderen Persönlichkeit beitragen, die wir als Bürokraten bezeichnen.

Wer auf der unteren Ebene einer bürokratischen Hierar chie beginnt, ist gewöhnlich noch nicht gezwungen, sich zwischen Mut und Entscheidungsfreude einerseits und Feigheit und Unentschlossenheit andererseits zu entscheiden. Doch wenn er anfängt, die Leiter emporzuklettern, werden bestimmte Persönlichkeitsmerkmale unterstützt und bekräftigt. Da der wichtigste Grundsatz der Bürokratie das Überleben der Organisation ist, wird der Funktionsträger vor allem daran gemessen, ob er bemüht ist, jede Handlung zu vermeiden, die die Organisation in Verlegenheit bringen könnte.

Amt, Beförderung, Gehaltserhöhung und Zugehörigkeitsgefühl – all das hängt von seiner Vorsicht ab. Unabhängigkeit, Entscheidungsfreude und jede Form spontanen Handelns bringen ihn in Gefahr.

> «Die interne Regierungsarbeit besteht darin, Tausende von drittklassigen Leuten zu kontrollieren.»
>
> – Henry Adams

Versucht jemand, sich über den Amtsschimmel hinwegzusetzen, um eine Sache zu erledigen, wird ihm vorgeworfen, «seine Befugnisse zu überschreiten», «sich nicht an den vorgeschriebenen Dienstweg zu halten», «seine Vorgesetzten zu übergehen», «den Rahmen der geltenden Richtlinien zu verlassen» oder – in besonders schweren Fällen – «gegen seine Treuepflicht zu verstoßen». Ganz gleich, mit welcher Formulierung er zurechtgewiesen wird, offensichtlich hat er sich gefährlich weit vorgewagt, als er diese Sache erledigen wollte.

> «Offenbar haben viele Menschen, von dem Wunsch beseelt, sich an den Besitzungen des Staates gütlich zu tun, klangvolle Titel ersonnen wie zum Beispiel Amtmann, Regierungsrat, Ministerialdirigent oder Staatssekretär, wobei sie dem Staat allerdings keine Vorteile verschaffen, sondern nur seine Einkünfte aufzehren.»
> – Ein römischer Würdenträger, 288 n. Chr.

Unter diesen Bedingungen entstehen die wahren Bürokraten – Männer und Frauen, die sich nahtlos in die Hierarchie fügen. Solche Menschen passen vollkommen in das Bild. Sie sind autoritätshörig und ihren Vorgesetzten in der Befehlskette bedingungslos gehorsam, während sie das ganze Gewicht ihrer Autorität und ihres offiziellen Status denen gegenüber zur Geltung bringen, die von ihnen abhängig sind – letztlich denen, die die Öffentlichkeit bilden.

Beamte fühlen sich den Vorschriften, Verfahren und Bestimmungen ihrer Abteilung weit mehr verpflichtet als dem guten Ruf ihrer Behörde. Von allen Geschöpfen gefällt es nur dem Bürokraten, von Regeln regiert zu werden, und nur einem Bürokraten fällt es ein zu erklären: «Ich mache die Vorschriften nicht, ich befolge sie nur.»

> «Die Vollendung des Bürokraten ist der Computer. Er ist ohne Verstand, ohne Geschlecht, ohne Herz, ohne Initiative, ohne Seele und letztlich ohne Sinn.»
> – Sid Taylor

Man hat versucht, die Leistung der Bürokraten im Regierungsapparat zu bewerten, doch sie beherrschen ihre Ausweichmanöver so perfekt, daß sich die Versuche als erfolglos erwiesen. Als man beispielsweise in den siebziger Jahren die jährlichen Gehaltserhöhungen von der Leistungsbewertung abhängig machte, erfüllten mehr als neunundneunzig Prozent die Bedingungen.

Es sind die anonymen «sie»,
die rätselhaften «sie», die verantwortlich sind.
Wer sind diese «sie»? Ich weiß es nicht.
Niemand weiß es. Nicht einmal «sie» selbst.
–Joseph Heller

Die zehn beliebtesten Entschuldigungen

1. «Ich dachte, es sei in der Post.»
2. «Ich bin so beschäftigt, daß ich noch nicht dazu gekommen bin.»
3. «Ich wußte nicht, daß Sie es so eilig haben.»
4. «Sie müssen warten, bis der Oberinspektor zurückkommt.»
5. «Ich warte noch auf die Genehmigung.»
6. «Dafür ist Sachbearbeiter X zuständig, nicht ich.»
7. «Niemand hat mir gesagt, daß ich den Vorgang bearbeiten soll.»
8. «Das ist nicht meine Abteilung.»
9. «So wird das hier immer gemacht.»
10. «Sobald sich der Prüfungsausschuß mit Ihrem Antrag beschäftigt hat, werden wir Ihren Antrag bearbeiten.»

Aus der Erklärung einer staatlichen Lohnstaffelung

Nach zwei Jahren wird der Angestellte zurückgestuft. Sein Lohn wird dem zulässigen Grundgehalt der vorherigen Stufe oder 150 Prozent des Höchstgehaltes der neuen Stufe entsprechen. Daraufhin wird der Angestellte 50 Prozent jeder vergleichbaren jährlichen Gehaltserhöhung erhalten, bis das Höchstgehalt der neuen Stufe dem festgesetzten Gehalt entspricht oder es übertrifft.

Aus einem Merkblatt des Ministeriums
für Bergbau und Energie

Was hat der Bürokrat zu fürchten, wenn seine Stellung und sein Gehalt nicht von seiner Leistung abhängen? Nur eines: eine Etatkürzung, die seine Abteilung betreffen und ihn seine Stellung kosten könnte. Das Überleben hängt vom Etat ab, und deshalb wird in jeder Bürokratie keiner Tätigkeit mehr Bedeutung zugemessen als dem Kampf um einen größeren Etat.

> «Man darf den Friseur nicht fragen, ob die Haare geschnitten werden müssen.»
>
> – Daniel S. Greenberg

Im Laufe ihrer Entwicklung konzentriert sich jede Behörde zunehmend auf ihre internen Abläufe, während die Begeisterung für die ursprünglichen Ziele nachläßt. Vor allem aber ist man um mehr Mittel aus dem Etat bemüht. Versteht man Ökonomie im Sinne von Sparsamkeit, so ist der Begriff der Nationalökonomie ein Widerspruch in sich selbst.

> «Für eine herrschende Bürokratie ist Machtbesitz der höchste Zweck und der Erhalt sowie die Stärkung ihrer Macht das übergeordnete Ziel ihrer Politik.»
>
> – Erich Strauss

Eine Erhöhung der Haushaltsmittel bietet drei Vorteile bei der Verteidigung des Status quo: 1. Mehr Geld bedeutet, daß mehr Mitarbeiter eingestellt werden können und daß es folglich Kollegen mit einer geringeren Zahl von Dienstjahren gibt, die im Falle von Kürzungen als erste zu gehen hätten. 2. Da sich der Status in einer Bürokratie in erster Linie nach der Zahl der Angestellten bemißt, die man zu beaufsichtigen hat, profitieren Einkommen, Stellung, Sicherheit und Selbstbewußtsein des Bürokraten von Personalzugängen. 3. Dank dieser Haushaltsmittel lassen sich auch Sonderfunktionen schaffen – Planungsleiter, Koordinatoren und Referenten für Öffentlichkeitsarbeit –, deren Hauptaufgabe es ist, die Versorgung der Behörde mit Haushaltsmitteln sicherzustellen. Geld bringt Geld, und mehr Geld ermöglicht es einer Behörde, mehr mittelsichernde Mitarbeiter zu beschäftigen.

> «Es türmen sich schwierige Hürden auf in einer Gesellschaft, in der ein Bürokrat nicht einen neuen Bürokraten hervorbringt, sondern zehn, einen jeden von ihnen mit seiner eigenen Machtpyramide.»
>
> – Han Suyin

Für sich genommen, ist der Bürokrat nicht weniger fähig als der Angehörige irgendeiner anderen Gruppe. Viele sind intelligent und hochqualifiziert. Sie arbeiten mit den modernsten Geräten, verfügen über die neuesten und genauesten Informationen und werden sehr gut bezahlt. Ihre besondere Begabung liegt im Umgang mit Papier. Von den Milliarden Schriftstücken, die sie jedes Jahr bewegen, muß jedes Dokument entweder in Umlauf bleiben oder auf irgendeinem Schreibtisch landen, um unterzeichnet wieder auf Wanderschaft geschickt oder abgeheftet zu werden.

> «Wenn ein Bürokrat einen Fehler macht und ihn einige Male wiederholt, bürgert er sich gewöhnlich als neues Verfahren ein.» – James H. Boren

Bürokraten sind keine untätigen Faulpelze; sie sind sehr fleißige Menschen. Sie besuchen Tagungen, schreiben Memoranden, planen den Haushalt, organisieren und reorganisieren Abteilungen, und sie tun noch viele andere Dinge, die Manager gutgehender Unternehmen tun. Allerdings tun sie sie mit anderer Zielsetzung.

«Ein Ausschuß ist eine Sackgasse, in die man Ideen hineinlockt, um ihnen still und heimlich den Garaus zu machen.» – Sir Barnett Cocks

Sie schreiben Aktennotizen, weil Aktennotizen zeigen, daß sie fleißig sind, und weil sie, einmal geschrieben, Belege für den Fleiß ihrer Urheber sind. Bürokraten besuchen Tagungen, weil ihnen das den Anschein von Wichtigkeit und Nützlichkeit gibt, auch wenn bei solchen Gelegenheiten sinnvolle Maßnahmen selten beschlossen werden. Wenn man von Tagung zu Tagung eilt, vor allem wenn man dabei große Entfernungen zurücklegt, so entsteht der Eindruck, daß die Teilnahme sehr wichtig ist.

«Tagungen sind unentbehrlich für den, der nichts zu tun wünscht.» – John Kenneth Galbraith

Ein historisches Ereignis, das wesentlich zur Furchtsamkeit und Vorsicht der Staatsdiener beigetragen hat, ist der 1947 eingeführte Treueid. Man hat die unterschiedlichsten Gründe für diesen Schritt verantwortlich gemacht, die Ängstlichen aber verstanden ihn als Signal zu noch größerer Anpassungsbereitschaft. Die Angst verstärkte sich, als Senator Joseph McCarthy und der «Ausschuß für unamerikanische Umtriebe» des Repräsentantenhauses durch Andeutungen und vage Indizien die Karriere und den Ruf unbescholtener Bürger vernichteten. Das Ergebnis war, daß dem Staatsdiener fortan die eigene Sicherheit weit mehr am Herzen lag als das öffentliche Wohl.

«Stets wächst die Arbeit so an, daß sie die Zeit ausfüllt, die zu ihrer Erledigung zur Verfügung steht.» – C. Northcote Parkinson

Gürteltier – in Höhlen lebendes Säugetier, das von Panzerplatten geschützt wird.

Bürokrat – in Höhlen lebendes Säugetier, das von Aktennotizen, Tagungen und dem Beamtenrecht geschützt wird.

Hyperpolysyllabicomanie (Stolz auf grosse Worte)

> Wenn sich das aus Nordafrika stammende, aber auch in unseren Breiten beheimatete Säugetier Equus asinus in einem Zustand gesteigerter Euphorie befindet, betritt es die in gemäßigten und kalten Zonen vorkommende, vom festen Aggregatzustand des Wassers gebildete Decke stehender Gewässer.

Der Wunsch, durch große Worte zu beeindrucken, ist eine verbreitete und meist harmlose Eigenart, doch als polysyllabisches Syndrom des Bürokraten wird er zum ernsthaften Problem für die Gesellschaft. Die Sprache, die ursprünglich für die Verständigung entwickelt wurde, dient heute vielen Zwecken. Für den Bürokraten ist sie vor allem ein Mittel zum Schutz der Bürokratie und der eigenen Person. Das bürokratische Verteidigungsidiom macht vor allem beim juristischen Fachchinesisch Anleihen.

> «Juristen verbringen einen großen Teil ihrer Zeit damit, Wind zu machen.»
>
> – Oliver Wendell Holmes, jr.

Dieses besondere Fachchinesisch besteht nicht nur in der Verwendung von Wörtern, die der Rechtssphäre zugerechnet werden, sondern auch in einer besonderen Verknüpfung der Wörter. Wenn ein Durchschnittsbürger einem anderen einen Apfel geben möchte, sagt er lediglich: «Ich gebe dir diesen Apfel.» Doch wenn ein Jurist es tut, drückt er sich wie folgt aus: «Hiermit erkläre ich öffentlich, daß ich meine Rechte, Ansprüche, das Anrecht und jeglichen Nießbrauch betreffs dieses beweglichen Eigentums, gemeinhin bekannt als Apfel oder Kernfrucht der Gattung *Malus*, Familie der *Rosaceae*, samt allen Beigaben als da sind Haut, ausgereifte Fruchtknoten und umgebendes Gewebe, fortan bezeichnet als Fruchtfleisch, Kerne, Saft und Stiel, übertrage, preisgebe, abtrete, auf sie verzichte und mich ihrer begebe...»

Law and Order

«In dem Augenblick, da Sie einen Text nicht verstehen, können Sie fast sicher sein, daß er von einem Juristen aufgesetzt wurde.» – WILL ROGERS

«Die Vereinigten Staaten sind die größte Gesetzesfabrik, die es auf der Welt je gab.»
– RICHTER CHARLES EVANS HUGHES

«Nach geltendem Gesetz ist es ein Verbrechen, wenn ein Privatmann einen Regierungsbeamten anlügt, nicht aber, wenn ein Regierungsbeamter die Öffentlichkeit anlügt.» – DONALD M. FRASER

«Die schlimmsten Strafen erlegt sich der Mensch selbst auf.» – ISAAC BASHEVIS SINGER

«Der Mensch wird von den Kräften erdrückt, die er ins Leben gerufen hat.» – JUANA FRANCES

«Die Überlebenschancen der Menschheit waren erheblich besser, als wir den Tigern wehrlos ausgeliefert waren, denn heute, da wir einander wehrlos ausgeliefert sind.» – ARNOLD TOYNBEE

Früher genügte es, wenn man eine Sache «plante». Der Bürokrat von heute gibt sich damit nicht zufrieden, er «konzipiert, konzeptualisiert, funktionalisiert, operationalisiert, stellt Machbarkeitsstudien an oder unternimmt prospektive Strukturanalysen». Diese Behördensprache, dieser Verwaltungsjargon, dieser Amtsschimmel und Beamtenklimbim dient keinem anderen Zweck, als sich hinter solchen aufgeplusterten Wortungetümen in Sicherheit zu bringen.

> «Wenn du denkst, du kannst eine Sache denken, die untrennbar mit etwas anderem verbunden ist, ohne an das zu denken, womit sie verbunden ist, dann bist du der geborene Jurist.» – Thomas Reed Powell

Presseoffiziere reden von «begrenzter Unterstützung aus der Luft», wenn sie Bombardierung meinen. Regierungssprecher reden von «Mißverständnissen», «Blackout» oder «aus dem Zusammenhang gerissenen Zitaten», wenn sie Lügen meinen, sie sagen «Destabilisierung» und meinen damit den Sturz ausländischer Regierungen. In der Rechtspolitik spricht man von «Hochsicherheitstrakt», wenn man bestimmte Häftlinge in Totalisolation schickt. In der Sozialpolitik spricht man von «unterprivilegierten Schichten» statt von armen Leuten, von «HWG» für «häufig wechselnden Geschlechtsverkehr» (sprich: Prostitution), von «Berufsberatung» statt von Arbeitslosenvertröstung, von «dysfunktionalem Arbeitsplatzverhalten», wenn nichts anderes gemeint ist als «unzuverlässig, frech und faul».

> «Die Menschen scheinen die Sprache nicht empfangen zu haben, um (wie Talleyrand meint) die Gedanken zu verbergen, sondern um zu verbergen, daß sie keine Gedanken haben.» – Sören Kierkegaard

Ein Memorandum wird nicht geschrieben,
um den Leser zu informieren,
sondern um den Verfasser zu schützen.
– DEAN ACHESON

Wenn Bürokraten solche Lindwurmausdrücke in ihren Berichten, Richtlinien und Vorschriften gehäuft verwenden, ist die angestrebte ehrfurchtgebietende Unverständlichkeit garantiert.

Behördensprache

Wortschatz und Satzbau der Behördensprache vermitteln den Eindruck unmißdeutbarer Klarheit, leisten aber meist das Gegenteil.

Die Verwendung von «und/oder» bürgerte sich ein, weil es sich als schwierig erwies, die lateinischen Konjunktionen zu übersetzen. Als man 1894 im angelsächsischen Sprachraum erstmals die juristische Verwendung von «und/oder» diskutierte, wurden drei verschiedene Bedeutungen genannt. Die Wendung ist bis auf den heutigen Tag eine Quelle ständiger Mißverständnisse geblieben. «Obengenannt» leistet seit Hunderten von Jahren einen unverzichtbaren Beitrag zum juristischen Gefasel. Im Prinzip wird damit auf etwas verwiesen, was schon gesagt wurde; da aber meist nicht feststeht, auf was genau das Wort verweist, kann es zu sehr irreführenden Lesarten verleiten. Das englische «whereas» ist eines der am häufigsten verwendeten und verschwommensten Wörter in juristischen Texten. Es hat so viele widersprüchliche Bedeutungen, daß es praktisch sinnlos ist. Jedes Wort, das einmal heißen kann «in Anbetracht der Tatsache, daß», ein andermal «Tatsache ist, daß», dann wiederum «trotz der Tatsache, daß», sollte aus dem Wortschatz jedes verantwortlichen Menschen gestrichen werden. Der Aberwitz liegt darin, daß unsere schlichten Abkommen und Verträge in diesem Jargon abgefaßt werden.

Das bürokratische Kauderwelsch ersetzt jegliche stilistische Eleganz durch Banalität und Schwülstigkeit. Da es aus leeren Worthülsen besteht und jeglicher grammatischen Struktur entbehrt, ist es eine Sprache, die leicht zu sprechen, aber schwer zu verstehen ist.

Eine Definition von Verständigung

«Die kognitive Entwicklung eines Organismus ist funktional abhängig vom Verständnis der Variablen, die an dem dynamischen Prozeß beteiligt sind, den wir gemeinhin als Kommunikation oder Verständigung bezeichnen.»
– AUS EINEM KURSUS DES AMERIKANISCHEN ARMY LOGISTICS MANAGEMENT CENTER IN FORT LEE, N. J.

Lassen Sie mich mit aller Klarheit sagen

«...daß bei allen Air-Force-Publikationen eine Redaktion, Evaluation und gegebenenfalls Eliminierung der essentiellen Elemente auf höchster hierarchischer Stufe der OPR zu erfolgen hat.»
– ANWEISUNG MIT DEM TITEL AIRFORCE-PROGRAMM ZUR BESSEREN VERSTÄNDLICHKEIT EIGENER VERÖFFENTLICHUNGEN FÜR DIE VERWENDER

Anweisung zur Entscheidungsfindung

«Handlungsorientierte Konzertierung des innovativen Inputs, initiiert durch die Expansion eines sinnvollen, internen Dialogs zur Entscheidungsfindung, konzentriert auf eine vitale urbane Infrastruktur...»
– MINISTERIUM FÜR WOHNUNGS- UND STÄDTEBAU

Zwei-Weg-Kommunikation

«In unserer Zeit muß die Stimulation multinationaler Verbindungen, die für eine sinnvolle Zwei-Weg-Kommunikation erforderlich sind, an die Stelle propagandistischer und chauvinistischer Funktionen treten, die in der Vergangenheit einen zu hohen Prozentsatz unserer Aktivitäten ausgemacht haben.»

– Joseph Duffey, Staatssekretär für Erziehung und Wissenschaft

Lufttarif

«Wenn die kumulierte Summe der von Charterteilnehmern gemäß diesen Bestimmungen eingereichten Ansprüche für eine einzelne Charterreise (ungeachtet der Ausführungen dieses Absatzes) die Versicherungssumme dieser Reise übersteigt, darf die Sicherheitshaftung für jeden Charterteilnehmer nicht die Summe übersteigen, die durch die Multiplikation der Versicherungssumme mit einem Bruch des Zählers bestimmt wird, der der Summe entspricht, mit der für die Sicherheit des Charterteilnehmers gehaftet wird.»

– Amt für Zivile Luftfahrt

Mit steigender Unverständlichkeit der Sprache nimmt die Menge der Wörter zu, bis sie völlig bedeutungslos werden. Letztlich verlieren alle Gedanken ihren Wert. Diese umgekehrte Pyramide aus überflüssigen, leeren Worten wächst ihrem Volumen, nicht aber ihrem Inhalt nach, bis sie ein riesenhaft aufgeblähtes Gebilde aus unverständlichem Gefasel ist.

«Wir leben im Zeitalter der Ersatzmittel: Anstelle von Sprache haben wir Jargon, anstelle von Grundsätzen Slogans, und anstelle von echten Ideen haben wir schlaue Einfälle.» – Eric Bentley

In den vergangenen Jahren haben die Gesetzgeber auf Bundesebene zahlreiche Versuche gemacht, die Bürokraten zu einer klaren und verständlichen Sprache anzuhalten. Bürger haben unverständlich abgefaßte Vorschriften und Mitteilungen den verantwortlichen Behörden mit der Bitte zurückgeschickt, sie in einer normalen Sprache zu erläutern. Ein anderer Versuch, diesen Mißstand abzuschaffen, bestand darin, die Urheber dieser Verbrechen gegen unsere Muttersprache namhaft und lächerlich zu machen.

Senator und Gesetzgeber erhalten den Kauderwelsch-Preis

In Kalifornien brauchen Ehepaare bei Auflösung ihrer Ehe keine Steuern auf Verträge zahlen, die zur Aufteilung ihres Eigentums erforderlich sind. Das wird in einem neuen Gesetz erklärt – Paragraph 11927 des Revenue and Taxation Code –, das folgenden Wortlaut hat:

(a) Jede Steuer, die gemäß diesem Abschnitt zu erheben ist, findet keine Anwendung auf Verträge, Urkunden oder andere Schriftstücke, die eine Übertragung, Aufteilung oder Zuwendung gütergemeinschaftlicher, quasi-gütergemeinschaftlicher oder quasi-ehelicher Vermögenswerte zwischen Eheleuten beinhalten, die eine Teilung ihres gütergemeinschaftlichen, quasi-gütergemeinschaftlichen oder quasi-ehelichen Eigen-

tums vornehmen, erforderlich durch eine gerichtliche Auflösung der Ehe, eine rechtskräftige Trennung, eine Annullierung oder sonstige Urteile oder Anordnungen gemäß Abschnitt 5 (beginnend mit Paragraph 4000) von Teil 4 des Civil Code oder durch ein schriftliches Abkommen der Eheleute, getroffen in Erwartung eines solchen Urteils oder einer solchen Anordnung, gleichgültig ob das schriftliche Abkommen Bestandteil solcher Urteile oder Anordnungen ist.
(b) Um für die in Absatz (a) genannte Steuerbefreiung in Frage zu kommen, muß dem Vertrag, der Urkunde oder jeglichem anderen Schriftstück eine schriftliche Bestimmung angefügt werden, von beiden Eheleuten unterzeichnet, in der festgestellt wird, daß der Vertrag, die Urkunde oder das andere Schriftstück das Anrecht auf die Steuerbefreiung beinhaltet.

Dieses Gesetz wurde 1981 von Senator John W. Holmdahl im kalifornischen Parlament eingebracht und von Professor Robert W. Benson nebst seinem juristischen Seminar an der Loyola-Universität zur schönsten Kauderwelsch-Blüte des betreffenden Jahres gekürt. Sie belohnten es mit ihrem Diplom für besondere Leistungen auf dem Gebiet des juristischen Fachchinesisch. Nach ihrer Auffassung hätte eine Version in einer verständlichen, klaren Sprache den juristischen wie informativen Wert des Gesetzes erheblich erhöht:

Nach diesem Gesetz ist keine Steuer zu erheben, wenn Ehemann und Ehefrau ihr Eigentum untereinander aufteilen, weil sie ihre Ehe beenden, sie annullieren oder sich rechtskräftig trennen.

Auf dem Dokument, das normalerweise besteuert würde, muß der Mann oder die Frau durch Unterschrift bestätigen, daß die Steuerbefreiung Anwendung findet.

Jeder Versuch, aus dem bürokratischen Kauderwelsch wieder eine verständliche Sprache zu machen, verdient Unterstützung.

> «Ein Wort, geredet zu seiner Zeit, ist wie goldene Äpfel auf silbernen Schalen.»
>
> – SPRÜCHE SALOMOS, 25,11

Größer ist größer

Bürokratie in kleinem Maßstab kennen wir seit mehr als zweihundert Jahren, doch der Keim zu vielen unserer riesigen Peter-Pyramiden wurde während der Präsidentschaft von Franklin Delano Roosevelt (1933–1945) gelegt. Der Aufschwung und die Auswüchse der Roaring Twenties endeten mit einem Paukenschlag. Am 29. Oktober 1929 erklärte Präsident Herbert Hoover: «Die wichtigsten Wirtschaftszweige dieses Landes... stehen auf einer soliden und vielversprechenden Grundlage.» Vier Tage später brach der New Yorker Aktienmarkt zusammen. In den verbleibenden drei Jahren von Hoovers Amtszeit hielt die wirtschaftliche Talfahrt an. Es kam zur großen Depression. Zwölf Millionen Menschen, ein Viertel aller Erwerbsfähigen, waren arbeitslos, 5000 Banken gingen Konkurs, 86000 Unternehmen machten Pleite, 273000 Familien wurden von Grund und Boden vertrieben, das Volkseinkommen sank um mehr als die Hälfte von 87,4 Milliarden Dollar auf 41,7 Milliarden Dollar, und den meisten privaten Wohlfahrtsverbänden gingen die Mittel aus.

Angesichts der wirtschaftlichen Stagnation und der gewaltigen Arbeitslosigkeit leitete Roosevelt eine Reihe neuer Maßnahmen ein. Die Menschen wurden in vielen wichtigen Projekten des Bundes beschäftigt. Die Works

Progress Administration (WPA) baute den Lincoln-Tunnel, der New York City mit New Jersey verbindet, den Boulder-Damm (1947 zu Ehren von Expräsident Herbert Hoover in Hoover-Damm umbenannt), den Flughafen La Guardia und viele andere wichtige Einrichtungen. Jede neue Behörde sollte Roosevelt darin unterstützen, der amerikanischen Wirtschaft wieder auf die Beine zu helfen.

> «Ich verpflichte Sie, ich verpflichte mich auf einen Neuanfang (new deal) für das amerikanische Volk. Erklären wir uns alle, die wir hier versammelt sind, zu den Propheten einer neuen Ordnung des Mutes und der Möglichkeiten.» – Franklin D. Roosevelt

Dem New Deal, der Economic Recovery Administration und Roosevelts Charisma war die Rettung des amerikanischen Way of life zu verdanken. Eine neue Zuversicht wurde geweckt, die die Dinge wieder in Fluß brachte. Roosevelt übernahm Henry David Thoreaus Satz «Nichts ist so zu fürchten wie die Furcht» und wandelte ihn ab zu seinem berühmten Ausspruch: «...das einzige, was wir zu fürchten haben, ist die Furcht selbst.» Viele, die die Hoffnung schon verloren hatten, waren nun bereit, einen neuen Versuch zu wagen. Ein völliger Zusammenbruch wurde vermieden, und das System des freien Wettbewerbs überlebte.

> «Selbst die eiserne Faust eines nationalen Diktators ist einem lähmenden Schlaganfall vorzuziehen.»
> – Alf Landon, republikanischer Gouverneur von Kansas

Die Behörden, die eingerichtet wurden, um diese löblichen Werke zu verrichten, waren nach heutigen Maßstäben klein und leistungsfähig. Die einmonatige Beschäftigung eines Menschen kostete die WPA nur 82 Dollar. Von jedem Dollar, den die WPA ausgab, entfielen 86 Cent auf die Löhne für Menschen, die Arbeit brauchten, 10,5 Cent auf Material und nur 3,5 Cent auf Verwaltungskosten. Roosevelt war davon überzeugt, daß Wohlfahrtsmaßnahmen nur eine vorübergehende Hilfe darstellen konnten und daß ihre Empfänger wieder mit Arbeit versorgt werden mußten. Roosevelt war ein Bewahrer traditioneller Lebensweisen und Werte, doch er hat einige der Behörden ins Leben gerufen, die so anwuchsen, daß sie heute die Nation zu verschlingen drohen.

> «Wenn wir diesen ständigen Prozeß der Einrichtung von Kommissionen, ausführenden Körperschaften und Sondergesetzen nicht stoppen, die sich wie riesige umgekehrte Pyramiden über jeder Verfassungsbestimmung auftürmen, werden bald Milliarden von Dollar an zusätzlichen Aufgaben auf uns zukommen.
>
> – Franklin D. Roosevelt

Während des Zweiten Weltkriegs weitete sich die Bürokratie rasch aus, denn die Macht im Staate mußte zentralisiert werden, um die Nation zu mobilisieren. Bisher hatte jeder Krieg diese Wirkung. Die Staatsbürokratie wächst in Kriegszeiten, schrumpft aber nur wenig in Friedenszeiten, so daß jeder Krieg einen dauerhaften Beitrag zur Aufblähung der Bürokratie leistet.

Seit Roosevelt hat die Staatsbürokratie unter allen Präsidenten zugelegt, obwohl sie oft genug versprochen haben, den Verwaltungsapparat zu lichten. Während Lyndon Johnsons Amtszeit wurde die staatliche Krankenversicherung ins Leben gerufen, die heute 57 Milliarden Dollar im Jahr verschlingt – mehr als das Achtfache der durchschnittlichen Jahresgesamtausgaben während Roosevelts erster Amtszeit. Richard Nixon war Präsident, als das Milliardenprogramm für Schulessen in die Wege geleitet wurde. Jimmy Carter wollte das Wachstum der Staatsbürokratie in den Griff bekommen, doch die zu diesem Zweck eingesetzte Kommission scheiterte, weil es nirgends eine Definition und ein Verzeichnis der staatlichen Behörden gibt. Unter diesen Umständen war es praktisch unmöglich, zwischen offiziellen Behörden, Institutionen halb staatlicher, halb privater Natur, Organisationen, die mit staatlichen Mitteln geführt wurden, und ähnlichen Einrichtungen zu unterscheiden. Da ließen sich wenig Fortschritte erzielen. Präsident Reagan nahm einige Einschränkungen auf dem Bildungs- und Wohlfahrtssektor vor, während die Bürokratie und der Haushalt im militärischen Bereich rasch anwuchsen. Anscheinend bleiben alle Schwüre, die bürokratischen Wucherungen zu beschneiden, leere Versprechungen. Und wenn man sich doch zu solchen Einsparungen durchringt, werden sie durch ungezügeltes Wachstum in anderen Bereichen mehr als wettgemacht.

Die Staatsbürokratie ist zur größten Organisation des Landes geworden. Das liegt zum Teil an den gestiegenen Erwartungen, die wir dem Staat entgegenbringen, und zum Teil an den autonomen Wachstumstendenzen der Bürokratie. Die Behörden blähen sich nicht nur auf, sie vermehren sich auch. Das liegt unter anderem daran, daß Bürokratien mit der Regelmäßigkeit von Pendelschwingungen zentralisierende und dezentralisierende Phasen durchlaufen. Lockerung der zentralisierten Aufsicht ermöglicht den dezentralisierten Ablegern die Entwicklung zu eigenständigen Gebilden entsprechenden Umfangs, so daß die Zentralbürokratie jedesmal, wenn die zentrale Aufsicht

In dieser Welt kommen Ämter und Behörden
der Unsterblichkeit am nächsten.
– General Hugh S. Johnson

wiederhergestellt wird, größer als zuvor ist. In diesem Prozeß sind unzählige Tochterbürokratien entstanden, deren Aufgabenbereiche sich vielfältig überschneiden.

> «Wir können die Schwerkraft überwinden, doch vor dem Papierkrieg müssen wir manchmal die Waffen strecken.» – WERNHER VON BRAUN

Der Staat mischt sich heute in jeden Bereich der Gesellschaft ein. Je größer und verzweigter die Bürokratie wird, desto nutzloser, verschwenderischer, selbstherrlicher und korrupter ist sie, und desto schwieriger wird es auch, dieser Entwicklung gegenzusteuern.

> «Im verwirrenden Getriebe unserer geheimnisvollen Welt, sind die Einzelpersonen ihrem System und die Systeme einander und dem Ganzen so perfekt angepaßt, daß sich der Mensch, wenn er nur einen Schritt zur Seite tut, der fürchterlichen Gefahr aussetzt, seinen Platz für immer einzubüßen.»
> – NATHANIEL HAWTHORNE

Der offenkundigste Unterschied zwischen staatlichen Bürokratien und solchen des privaten Sektors liegt darin, daß erstere dazu da sind, Geld auszugeben, während die meisten privaten Organisationen versuchen, Geld zu verdienen. Ein feinerer Unterschied besteht darin, daß man in der Wirtschaft lange suchen müßte um das Gegenstück zu einem «Administrative Officer of the United States Government Inter-office Affairs Council on Coordination and Rectification» zu finden.

> «Je länger der Titel, desto unwichtiger die Aufgabe.»
> – GEORGE MCGOVERN

Eine Bürokratie, deren Mitglieder den Schutz des Beamtenrechts genießen und eingesponnen sind in das unentwirrbare Netz von Vorschriften und Dienstwegen, ist kaum einer Leistungsbewertung zu unterziehen.

> «Die innerste Seele einer Bürokratie entfaltet sich in dem aufregenden Wechselspiel zwischen Ideenlosigkeit und der exotischen Fauna skurriler Charaktere, die ziellosen Beschäftigungen nachgehen.»
> – James H. Boren

Alle Versuche, überflüssige Bürokraten durch Leistungsüberprüfung und Aufsichtsgremien aus ihren Ämtern zu entfernen, enden mit der Schaffung neuer Planstellen. In vielen Fällen spielt die Fähigkeit oder Unfähigkeit des Beamten überhaupt keine Rolle, weil seine Aufgabe nutzlos ist, ganz gleich wer sie wahrnimmt. Ein echter Bürokrat versteht eine Beförderung als Belohnung, nicht als Gelegenheit, mehr zu leisten.

> «Wer sich stets in gewohnten Gleisen bewegt, genießt den großen Vorteil, immer genau zu wissen, wo er ist.»
> – Alan Bennett

Die Anordnung zur Neuorganisation einer Behörde wird von Bürokraten oft begrüßt. Das gibt ihnen Gelegenheit, etwas zu tun. Die Zuständigkeiten werden anders verteilt. Neue Dienstbezeichnungen werden aus der Taufe gehoben, und die Zahl der Abstufungen wird erhöht. Man kann mehr Haushaltsmittel und höhere Gehälter fordern. Die Gebäude werden erweitert, und der Büroraum wird neu verteilt. Schon das allein erfordert den Scharfsinn eines Schachspielers, da die US-Regierung etwa eine halbe Million Gebäude besitzt und weiteren Büroraum in privaten oder ausländischen Gebäuden für eine Jahresmiete von ungefähr 900 Millionen Dollar anmietet.

> «Die Bürokratie ruht auf der Furcht vor Fehlern, wie einst die Kirche auf der Furcht vor Verdammnis ruhte.»
> – RICHARD N. GOODWIN

Wenn im Inneren einer Behörde organisatorische oder andere Veränderungen vorgenommen werden, ändert das kaum etwas an ihrem äußeren Erscheinungsbild. Der Bildungsstand sinkt weiter. Die Verbrechen nehmen zu. Die Armut hält unvermindert an. Mit anderen Worten, eine interne Neuorganisation mag stattfinden, doch die äußere Untätigkeit bleibt. Einige Zyniker meinen sogar, die Bürokraten wüßten sehr genau, daß sie sich um Amt und Brot bringen würden, wenn sie die Probleme lösen würden, zu deren Beseitigung ihre Behörde ins Leben gerufen wurde. Augenscheinlich ist mit keiner Veränderung zu rechnen, solange Behördenleiter für die Beurteilung ihrer eigenen Leistung und der ihrer Abteilungen zuständig sind.

Man stelle eine dumme Frage

> «Die Rate pro hundert Pfund, gültig für die Beförderung von 999 Pfund oder weniger, bei der betreffenden Kilometerzahl, Spalte (a), ist in Spalte (b) wiedergegeben, es sei denn, das Gewicht ist größer oder gleich der Pfundzahl, die in Spalte (c) für die betreffende Kilometerzahl angegeben ist; in letzterem Falle gilt die Rate der Spalte (d) für die gleiche Kilometerzahl, und das

Hier geht alles seinen geordneten Gang.

zugrunde zu legende Gewicht ist die unterste Zentnergrenze der betreffenden Spalte, nicht das tatsächliche Gewicht der beförderten Güter.»

– Aus einer Veröffentlichung des Verkehrsministeriums

In einem Dokument der Behörde für Sicherheit und Gesundheit am Arbeitsplatz heißt es: «Die Haut ist eine wichtige Grenzfläche zwischen dem Menschen und seiner Umwelt.»

«Die kognitiv oder mental bestimmte Dimension solcher Interaktionen oder potentiellen Interaktionen zwischen Fahrzeugen ging in einer Fehlervarianz verloren, die in den Formulierungen zu den aerodynamischen Störungsfunktionen und Fahrerleistungsfaktoren nicht berücksichtigt wurde.»

– Aus einer Studie der Federal High way Administration mit dem Titel Einstellungen von Pkw-Fahrern gegenüber grossen Lastwagen

Ich habe die Ergebnisse meiner Forschungsarbeiten über Bürokraten und Bürokratien in zehn Feststellungen zusammengefaßt:

Die bürokratischen Peter-Prinzipien

1. Die Bürokratie ist zu verteidigen.
2. Bürokratisches Überleben hängt von steigenden Etats ab.
3. Bürokratien pflanzen sich fort.

4. Bürokratien vermeiden es, irgend etwas zum erstenmal zu tun.
5. Große Bürokratien wachsen aus kleinen, erfüllen aber nicht die Aufgaben, für die sie ursprünglich eingerichtet wurden.
6. Bürokratien ziehen einen Persönlichkeitstypus an, der sich in ihnen entfalten kann.
7. Bürokratien stellen die innere Harmonie über Leistung und Dienstleistung.
8. Bürokratien verteidigen den Status quo auch dann noch, wenn das quo schon längst seinen Status verloren hat.
9. Eher wird ein tüchtiger Jockey den Wunsch verspüren, ein Pferd zu werden, als daß ein Mensch mit echten Führungsqualitäten Bürokrat wird.
10. In einem Notfall wird Ihnen eine Bürokratie jeden Beistand anbieten, nur keine Hilfe.

«Die Pyramiden sind solide gebaut, bieten einen schönen Rundblick von der Spitze und dienen als Ruhestätte für die Toten.» – Gerald A. Michaelson

4
Progressive Prozesse

«Millionen sind fasziniert von dem Plan, die ganze Welt in ein Büro zu verwandeln, aus jedem Menschen einen Bürokraten zu machen, jede Privatinitiative auszuschalten. Das Paradies der Zukunft stellt man sich als allumfassenden bürokratischen Apparat vor... Ströme von Blut sind schon für die Verwirklichung dieser Idee vergossen worden.»

– Ludwig Edler von Mises

Bislang habe ich nur die negativen Eigenschaften der Peter-Pyramide erörtert, jetzt wollen wir uns mit einigen ihrer positiven Merkmale beschäftigen und uns fragen, welche Möglichkeiten sie zur Verbesserung der menschlichen Lebensbedingungen bietet. Viele unserer größten Errungenschaften verdanken wir der stufenweisen Entwicklung von Prozessen, die immer komplexer geworden sind. Viele der großen wissenschaftlichen Entdeckungen wären nicht möglich gewesen, hätte nicht der primitive Mensch den Stein ins Rollen gebracht, als ihn die Neugier auf seine Umgebung packte. Eine Entdeckung führte zur anderen – und heute kennen wir uns in der winzigen Zelle ebenso gut aus wie im gesamten Sonnensystem.

«Wie mühsam sich selbst die fähigsten Wissenschaftler aller Generationen durch ein Dickicht von falschen

Beobachtungen, irreführenden Verallgemeinerungen, unangemessenen Formulierungen und unbewußten Vorurteilen hindurchkämpfen mußten, wird den Menschen, die ihre wissenschaftlichen Kenntnisse aus Lehrbüchern beziehen, selten bewußt.»

– JAMES B. CONANT

Von den Anthropologen wissen wir, daß unsere Vorfahren auf Bäumen lebten, diese aber für ein nomadisches Dasein auf dem Erdboden aufgaben, als sie eine Chance sahen, ihr Los zu verbessern. Als dieser abenteuerlichere Lebensstil seinen Reiz verlor, suchten sie die Sicherheit eines festen Wohnsitzes und wurden Höhlenbewohner. Doch auch der deutlich verbesserte Komfort des Höhlenlebens genügte ihnen irgendwann nicht mehr, und sie gaben den Schutz der Höhle zugunsten von Hütten auf, die sie an Orten ihrer Wahl aus Lehm und Gras errichteten. Im Lauf der Zeit brachte die Neigung unserer Vorfahren zur Unzufriedenheit eine Reihe von Verbesserungen hervor, so daß aus Hütten Häuser wurden und aus dem Häuserbau eine eigene Wissenschaft. Es entstanden die Berufe des Architekten, Maurers, Zimmermanns, Klempners und Städteplaners. Die Tendenz zu immer größeren und prächtigeren Bauwerken führte schließlich zum Parthenon und Empire State Building. Aber selbst 102 Stockwerke und mehr als 400 Meter waren nicht hoch genug, denn inzwischen hat man noch höhere Bauwerke errichtet.

«Wenn technischer Fortschritt ohne sozialen Fortschritt stattfindet, kommt es fast automatisch zu einer Zunahme menschlichen Elends.»

– MICHAEL HARRINGTON

Alle Fortschritte der Menschheit gehen zurück auf unsere ständige Unzufriedenheit, die zum Teil der Sehnsucht

«Der Mensch war stets vom Forschungsdrang beseelt. Es ist einfach faszinierend, zu neuen Ufern aufzubrechen. Wenn man eine Tür vor der Nase hat, muß man hindurchgehen. Ich glaube der Mensch verliert etwas, wenn er die Möglichkeit hat, zum Mond zu fliegen, und es unterläßt.»

– NEIL ARMSTRONG

«Je größer die Insel des Wissens,
desto länger die Küste des Staunens.»
–Ralph Sockman

nach Abenteuern und zum Teil dem Bedürfnis nach mehr Wissen entspringt. Es hätte niemals Menschen im Weltraum gegeben, wäre da nicht eine lange Geschichte der Unzufriedenheit mit den technischen Errungenschaften, ganz gleich welchen Stand sie jeweils erreicht haben mochten. Der erste Schritt auf dem Wege zur Raumfahrt wurde getan, als sich unsere Vorfahren zum aufrechten Gang entschlossen. Von da an nahm der Fortschritt seinen Lauf: Wir schafften uns Schuhe an, bestiegen Lasttiere, fuhren in Pferdefuhrwerken, auf Fahrrädern, in Zügen, Autos, Flugzeugen, Überschalljets und Raumkapseln.
Während wir die oberen Schichten der auf dem Kopf stehenden Pyramide bauten, blieben die unteren erhalten. Auch im Zeitalter der Raumfahrt gibt es noch primitive Völker, die barfuß gehen, während andere längst Schuhe tragen, auf Pferden reiten, in die Pedale von Fahrrädern treten, Züge besteigen, Autos fahren, Flugzeuge fliegen oder sich von Raketen in den Weltraum schießen lassen.

> «Der Mensch ist schon vielen Träumen nachgejagt – dem goldenen Vlies, dem Stein der Weisen und der vergeblichen Hoffnung, das Auto könnte für den Familienurlaub so gepackt werden, daß man bei der Übernachtung nur einen Koffer ins Motel zu schleppen brauchte.» – Bill Vaughan

Nimmt die Unwissenheit zu?

Ohne Frage sind einige Peter-Pyramiden Resultate des Fortschritts. Am Anfang der Menschheitsgeschichte kannten wir wenig mehr als unsere unmittelbare Umwelt. Das menschliche Wissen war wie ein winziges Eiland im riesigen Ozean der Unwissenheit. Als unsere Vorfahren ihre Umwelt zu erforschen begannen, schoben sie die Grenzen ihres Wissens und Verstehens hinaus. Dadurch kamen sie öfter mit Unbekanntem in Berührung.

> «Alles, was wir wissen, ist noch immer unendlich viel weniger als das, was wir nicht wissen.»
>
> – William Harvey

Wir werden uns unserer Unwissenheit dort bewußt, wo unser Wissen zu Ende ist. In dem Maße, wie wir die Grenze des Wissens vor- und die Grenze der Unwissenheit zurückschieben, wirft jede Antwort zwei neue Fragen auf. Da kein Ende dieses Prozesses abzusehen ist, liegt der Schluß nahe, daß das Unbekannte unendlich ist. Je mehr wir wissen, desto länger die Trennungslinie zwischen Bekanntem und Unbekanntem. Alles, was wir in Erfahrung bringen, steigert unsere Unwissenheit.

Kommunismus oder Kapitalismus?

Die Peter-Pyramide ist in sozialistischen und kapitalistischen Ländern gleichermaßen verbreitet. Ursprünglich verlangt das politische System des Sozialismus oder Kommunismus ein hohes Maß an Kreativität, da alle Aspekte des Wirtschaftslebens genauestens geplant werden müssen. Die Verwaltung eines solchen Systems setzt Einfallsreichtum voraus, weil der Mensch seiner Natur nach individualistisch und kreativ ist, doch gerade diese Eigenschaften vertragen sich nicht mit den Bedingungen des sozialistischen Staates. Deshalb versuchen sozialistische Regime – nur von der Spitze abgesehen –, Individualität und Kreativität einzuschränken, indem sie auf den unteren Ebenen die Freiheit durch Regeln, Vorschriften und Bürokratien beschneiden.

> «Jede Doktrin, die… die persönliche Verantwortung des Urteils und des Handelns schwächt… trägt zu Einstellungen bei, die den totalitären Staat begrüßen und unterstützen.» – John Dewey

Die Bürokratie, sei sie sozialistisch oder kapitalistisch, kennt nur einen einzigen Zweck: Ordnung schaffen. Mit Individualität, Freiheit oder Kreativität vermag sie nichts anzufangen, aber für Ordnung sorgen, das kann sie hervorragend. Mit dem Wachstum der Bürokratie wird also die Initiative des einzelnen zur Mangelware.

> «Man braucht ein bißchen Ordnung in einer unordentlichen Welt.» – Frank Lloyd Wright

Letztlich hängt die Lebensfähigkeit jeder Organisation von der Initiative, Kreativität und dem unternehmerischen Mut des einzelnen ab. Doch die sozialistisch-bürokratische Pyramide mit ihren kleinlichen Vorschriften und Gängelungen triumphiert, während die kreativen Beiträge des einzelnen verkümmern. In diesem Stadium versucht die sozialistische Gesellschaft, entweder die Kontrollen zu verstärken oder individuelle Anreize zu setzen. Wie in anderen Gesellschaften auch, schaffen die meisten Lösungen neue Probleme oder verschärfen die alten, so daß sich die Katze in den Schwanz beißt.

> «Gewöhnlich sind schreckliche Dinge, die mit der Entschuldigung getan werden, daß der Fortschritt sie verlange, nicht wirklich Fortschritte, sondern nur schreckliche Dinge.» – Russell Baker

Seit der Revolution von 1917 wird in der Sowjetunion zentral geplant. Sie hat es aus eigener Kraft zu allen Gebrechen gebracht, die auch unsere Gesellschaft plagen, zuzüglich derjenigen, die ihrem System und ihrer Ideologie eigen sind – unter anderem die Zyklen von Über- und Unterangebot, Armut, Inflation, Zuteilung, mangelhafte Verteilung und politische Willkür.

> «Demokratie ist die Kunst, den Zirkus vom Affenkäfig aus zu leiten.» – H. L. Mencken

Kapitalistische Gesellschaften, die auf den Prinzipien der freien Marktwirtschaft beruhen, können in ihrer reinen Form nicht lange existieren, weil freies Unternehmertum ohne Kontrolle zur Monopolbildung führt, damit den Wettbewerb ausschaltet und letztlich den Untergang des freien Unternehmertums bewirkt. So sehen sich Regierungen, die auf eine demokratische und marktwirtschaftliche Grundordnung verpflichtet wurden, gezwungen, das freie Unternehmertum und die Initiative des einzelnen einzuschränken und Bürokratien ins Leben zu rufen, die über die Einhaltung dieser Gesetze und Vorschriften wachen. Regierungen, die an demokratische Grundsätze gebunden sind, müssen gewöhnlich geloben, dem Vorteil aller oder dem Gemeinwohl zu dienen. Würde man darunter die Dinge verstehen, die tatsächlich Vorteile für alle bringen, müßte die Arbeit einer solchen Regierung vor allem in der Gesetzgebung auf dem Gebiet der öffentlichen Sicherheit, des Umweltschutzes und der Preisbindung bestehen. Demokratische Staaten haben in dem Versuch, dem Prinzip des Gemeinwohls gerecht zu werden, Bürokratien eingerichtet, die über Kinderarbeit, Mindestlöhne, Arbeitsbedingungen, Gewerkschaften, Gesund-

Die Peter-Pyramide ist in sozialistischen und kapitalistischen Gesellschaften gleichermaßen verbreitet.

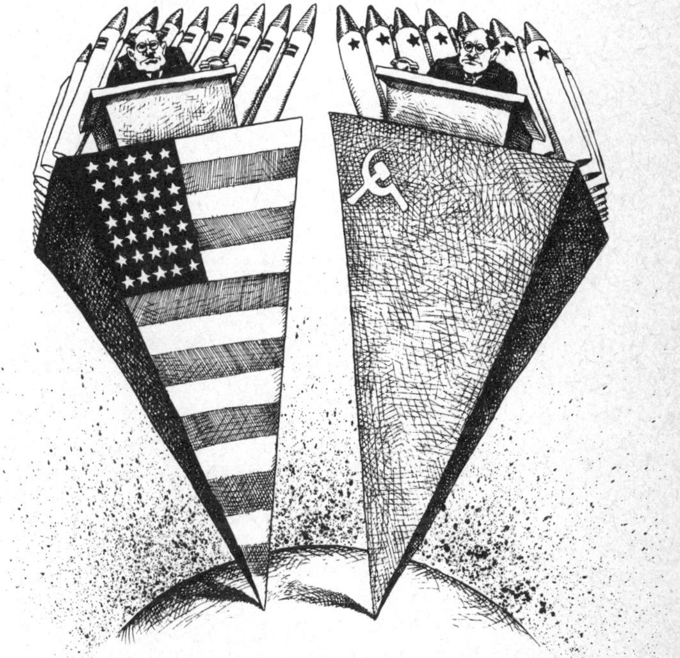

«Vor der Welt, wie sie ist,
kann man nicht genügend Angst haben.»
– Theodor W. Adorno

heit, Sicherheit und Monopolbildung wachen. Daraus hat sich ein System entwickelt, das in seinen Grundzügen durchaus noch kapitalistisch oder marktwirtschaftlich zu nennen ist, das aber andererseits so vielen Einschränkungen, ausgleichenden Maßnahmen und bürokratischen Kontrollen unterworfen ist, daß es durchaus mit dem der kommunistischen Länder zu vergleichen ist.

Wo soll es enden?

Wenn ein bürokratisches Verfahren erst einmal eingeführt worden ist, entfaltet es ein gewaltiges Beharrungsvermögen. Je größer die Bürokratie, desto schwieriger, etwas an ihr zu ändern. Außerdem gilt, große Bürokratien machen große Schnitzer, und je größer die Behörde, desto schwerer ist es, den Fehler zu berichtigen. Desto größer auch der Schaden, bevor irgendwelche Korrekturen vorgenommen werden können.

> «Fortschritt ist ein schönes Wort. Doch sein Ursprung ist Veränderung, und die hat ihre Gegner.»
>
> – Robert F. Kennedy

Eine Behörde kann Verwirrung stiften, doch wenn mehr als eine in einem bestimmten Bereich tätig ist, wächst das Verwirrungspotential ins Unendliche. Die Umweltschutzbehörde hat jahrelang versucht, die Verwendung bestimmter krebsauslösender Pestizide zu verbieten, während das Landwirtschaftsministerium ihren Einsatz jahrelang gefördert hat. Das Landwirtschaftsministerium subventioniert die Tabakindustrie jährlich mit 65 Millionen Dollar, während das Gesundheitsministerium fünf Millionen Dollar für eine Werbekampagne ausgibt, die die Leute vom Rauchen abhalten soll. Diese Wucherung der bürokratischen Systeme führt dazu, daß die Bewohner von New York heute von 1487 verschiedenen staatlichen Agenturen und Behörden regiert werden, während die Kalifornier 454 verschiedene Steuern auf einen Laib Brot zahlen.

Der Kreis schließt sich

Lincoln Ralphs sagt, als Kleinkind habe er geglaubt, die Erde sei flach. Als er in die Schule kam, hörte er, daß sie rund ist. Später sagte man ihm, sie sei kugelförmig. In höheren Klassen erfuhr er, daß sie eine abgeflachte Kugel ist. Der Wahrheit noch näher kam er, als er auf der Universität lernte, sie sei ein Geoid. Er schlug das Wort in seinem griechischen Wörterbuch nach und sah, daß es «erdförmig» bedeutet.

Hat die allgemeine Auflösung schon begonnen?

Kaum eine Regierung vermag mehr die Hoffnungen der Menschen zu erhalten und in einigen Fällen nicht einmal ihr Leben. In letzter Zeit hat es eine Vielzahl von Krisen gegeben, die alle Bereiche unserer Gesellschaft erfaßt haben – Rechtsordnung, Bildungssystem, Familie und Wirtschaft. Alle diese Tendenzen hat man als Auflösungserscheinungen unserer Kultur verstanden. Das mag in gewisser Weise zutreffen, doch viele der Probleme sind das genaue Gegenteil von Auflösung. Sie entstehen nicht dadurch, daß die Fäden des Gewebes nicht mehr zusammenhalten, sondern dadurch, daß Millionen und Abermillionen verschlungener Fäden zu einem immer komplizierteren gesellschaftlichen Netzwerk verwoben werden.

Das Knäuel wird immer dichter

Der Rechnung der öffentlichen Versorgungsbetriebe in San Francisco lag eine Erklärung bei: «Ein Kostenfaktor der Gebührenerhöhung, die der PG & E unlängst von der Aufsichtskommission zugestanden wurde, beläuft sich auf 177,4 Millionen Dollar und ist auf Präsident Reagans Steuergesetz zur Unterstützung des wirtschaftlichen Aufschwungs aus dem Jahre 1981 zurückzuführen, in dem die Aufsichtskommissionen der öffentlichen Versorgungsbetriebe verpflichtet werden, die Gebührenzahler mit Steuern zu belasten, die zum gegenwärtigen Zeitpunkt nicht – und möglicherweise niemals – an die Bundesregierung abgeführt werden. Dieser Kostenfaktor kann in Zukunft anwachsen.»

Dieser Prozeß allgemeiner Verflechtung, der im Laufe der Jahrhunderte allmählich in Gang kam, hat sich gegenwärtig dergestalt beschleunigt, daß er alle Teile auf die komplizierteste Weise miteinander verbindet. Niemand vermag mehr das ganze Bild zu erfassen, und nur wenige verstehen noch eines der Teile. Die Systeme, die uns so lange versorgt und erhalten haben, sind so kompliziert geworden, sind so sehr geprägt von Verwaltungsritualen und so eng miteinander verflochten, daß die unvermeidliche Folge Stagnation ist und die Unfähigkeit, den größten Teil der anstehenden Probleme zu lösen.

> «Die Tragik des Menschen im wissenschaftlichen Zeitalter liegt darin, daß er keine Möglichkeit gefunden hat, seine Entdeckungen konstruktiven Zwecken dienstbar zu machen. Er hat keine Waffe entwickelt, die so schrecklich war, daß er sie nicht verwendet hätte. Er hat keine so sorgfältig bewacht, daß seine Feinde sie nicht schließlich doch bekommen und gegen ihn gewendet hätten. Für seine Sicherheit heute und morgen scheint er Waffen bauen zu müssen, die ihn morgen vernichten werden.»
>
> – Charles A. Lindbergh

Wer braucht die Inflation

In den letzten vierzig Jahren sind die Preise für Lebensmittel, Kleidung, Wohnraum und Brennstoff steil nach oben geklettert und haben die Periode wirtschaftlicher Stabilität und niedriger Inflationsraten beendet, die sich über viele Generationen erstreckte.

> «Die Lebenshaltungskosten haben sich schon wieder um einen Dollar pro Whiskyflasche erhöht.»
>
> – W. C. Fields

Die meisten Länder sind bankrott, und zwar schon seit langem. Bankrott ist der einzelne oder das Kollektiv, wenn er oder es mehr ausgibt, als der Verdienst oder die Einnah-

*Der Prozeß allgemeiner Verflechtung
führt zur Unfähigkeit,
den größten Teil der
anstehenden Probleme zu lösen.*

men betragen, und dieser Punkt ist erreicht, wenn die Schulden nicht mehr vollständig bezahlt werden können. Gewöhnlich verstoßen Staaten nicht direkt gegen ihre Zahlungsverpflichtungen, sondern indirekt, indem sie die Zahlungen hinausschieben, sich immer tiefer verschulden oder immer mehr Geld von immer geringerem Wert drukken. Die staatliche Praxis, Schulden in solcher Währung zu bezahlen, entspricht dem Konkursverfahren, in dem die Ansprüche der Gläubiger mit einem Prozentsatz pro Dollar Schulden abgegolten werden, nur daß die Regierung ihre Schulden mit dem Nennwert der entwerteten Dollars begleicht und sich damit praktisch in einem permanenten Konkursverfahren befindet.

> «Ein bißchen Inflation ist wie ein bißchen Schwangerschaft – die Inflation gewinnt Kraft aus sich selbst und läßt die Markierung ‹ein bißchen› rasch hinter sich.»
>
> – Dian Cohen

Inflation heißt, daß zuviel Geld gedruckt wird und daß zu viele Kredite aufgenommen werden. Das Drucken von zu vielen Banknoten ist die Antwort des Staates auf das stets gegenwärtige Schreckgespenst des endgültigen Bankrotts. Die Regierung gibt den Bürgern die Schuld an der Inflation und fordert sie auf, den Gürtel enger zu schnallen und ihre Kreditausgaben einzuschränken. Tatsächlich aber untergräbt die Regierung den Wert des Dollars, weil sie immer mehr Geld druckt, um ihre bankrotte Wirtschaft über Wasser zu halten. Die Regierungsvertreter des Landes, nicht seine Bürger verringern den Wert der Währung. Um einer Währung schaden zu können, ohne der Regierung anzugehören, müßte man schon Falschmünzer sein. Die Peter-Pyramide der Inflation kann nur von der Regierung gebaut werden. Schicht um Schicht wird sie errichtet, um das ungesunde Finanzgebaren zu vertuschen. Nur die Regierung braucht die Inflation.

Business as usual

Im März 1981 erklärte Polen, das eine Gesamtschuld von 27 Milliarden Dollar aufwies, es könne die in diesem Jahr fälligen 2,5 Milliarden Dollar beim besten Willen nicht aufbringen. Im August 1982 konnte Mexiko die Zinsen nicht zahlen, die sich aus Schulden von 80 Milliarden Dollar errechneten. Im Januar 1983 geriet Brasilien, verschuldet mit 87 Milliarden Dollar, mit einer Zinszahlung von 446 Millionen Dollar in Verzug. Insgesamt standen Ende 1982 die finanziell angeschlagenen Entwicklungsländer und Ostblockstaaten bei Banken, anderen Regierungen und internationalen Finanzinstitutionen mit 706 Milliarden Dollar in der Kreide. Der Internationale Währungsfonds berichtete Ende 1981, daß zwei Drittel aller Länder mit ihren Zahlungen in Verzug waren.

Mit einer Ausnahme wird heute keiner der großen amerikanischen Banken mehr die höchste Stufe der Kreditwürdigkeit zugebilligt, weil sie alle hohe Kredite an extrem gefährdete Länder vergeben haben. Bei Zahlungsunfähigkeit der Schuldner müßte die amerikanische Bundesreservebank das Bankensystem retten, wodurch die Inflation unvorstellbaren Auftrieb erhalten würde. Alle Amerikaner müßten für die leichtsinnige Kreditpolitik der Banken bezahlen. Von der Abwertung des Dollars abgesehen, hätten die Banken auch, durch die Zahlungsversäumnisse schwer belastet, weniger Geld für Hypothekendarlehen, Auto- und Kleinkredite zur Verfügung.

«Würde man alle Nationalökonomen aneinanderlegen – sie würden zu keinem Schluß kommen.»
– George Bernard Shaw

Wie groß ist zu groß

Bislang haben wir gesehen, daß die Peter-Pyramide – die Tendenz von Systemen, sich aus kleinen und bescheidenen Anfängen zu großen und komplexen Gebilden zu entwikkeln – zu positiven und negativen Ergebnissen führen kann. Positiv sind die Ergebnisse, wenn wir dank der Komplexität Dinge erreichen, die ohne sie nicht möglich wären. Einleuchtendes Beispiel ist die wissenschaftliche Forschung, die heute in der Lage ist, die Geheimnisse der Erbanlage zu entziffern, komplizierteste logische Operationen im Elektronenrechner durchzuführen und den Weltraum zu erobern. Zu negativen Ergebnissen kommt es, wenn man relativ einfache Probleme mit solchen Riesensystemen angeht. Zum Beispiel gehen Recht, Ordnung und Gerechtigkeit in dem Maße verloren, wie das Rechtssystem komplexer wird. Wir haben die Staatsbürokratie eingerichtet, um der politischen Bevormundung einen Riegel vorzuschieben, und müssen uns nun mit einem öffentlichen Dienst abfinden, der selten öffentlich ist und kaum Dienste erweist.

Rat für junge Bürokraten

«Von pragmatischen Opportunisten zu nichtkoordinierten Simultanentscheidungen gedrängt, sollten Sie sich nicht zu spontanen Ad-hoc-Maßnahmen verleiten lassen. Marginalisieren Sie statt dessen Ihre Individualmotivation und sondieren Sie das Feedback durch Anberaumung einer Plenarversammlung. So wird ein unpolarisiertes, schwerpunktmäßiges Mehrheitsvotum Gestalt annehmen, das Sie brauchen, um Ihre Entscheidung konsensfähig zu machen. Im Nichterfolgsfalle sollten Sie als Zielgruppe die leistungsorientierten Mitarbeiter ansprechen, wodurch Sie deren konzentrierten Sachverstand zum Tragen bringen und gleichzeitig die Delegation von Verantwortung optimieren, um so dem nagenden Zweifel den Zahn zu ziehen.»

–John Kidner
in: *The Kidner Report*

Größe und Komplexität eines Systems müssen seinen Aufgaben entsprechen. Ein kompliziertes System mag für ein kompliziertes Problem erforderlich sein, doch jede überflüssige Komplexität steht seiner Bewältigung im Wege. Sobald eine Organisation über das menschliche Maß hinauswächst, so daß der einzelne zum bloßen Funktionär wird, der nur noch dazu da ist, das System in Gang zu halten, ist der Punkt höchster Leistungsfähigkeit überschritten.

«Anpassung, Unterwürfigkeit, Gefügigkeit – mit diesen Münzen bezahlen wir die Fahrt ins Paradies.»
– Robert Lindner

Nehmen wir als Beispiel das Bildungssystem. Früher war die Bildung in den Vereinigten Staaten im wesentlichen eine Angelegenheit der Kommunen, wobei die Schulen von gewählten Schulausschüssen geleitet wurden. Man ging aus von der Vorstellung, daß die öffentliche Bildungsarbeit in Klassenzimmern stattfand und sich in der Wechselbeziehung zwischen Lehrern und Schülern entfaltete. Aufgabe des Schulausschusses war es, für Klassenzimmer und Lehrer zu sorgen. Die Verwaltung der Schule oblag dem Schulleiter oder Direktor, der im allgemeinen auch die höheren Klassen unterrichtete. Dieses System war einfach, aber es versorgte eine große Zahl von Kindern mit einem befriedigenden Bildungsstand. Es war ein unkompliziertes System mit bescheidenem bürokratischem Aufwand und hoher Leistungsfähigkeit. Man könnte es ein Verhältnis von kleinem System zu großem Volumen nennen.

Erfolgreiche Kleinsysteme

Der Pflug ist seit dem Beginn unserer Geschichte die wichtigste landwirtschaftliche Errungenschaft. In einem einzigen Arbeitsgang zieht die Pflugschar die Furche und wirft das Streichbrett die Erde um, so daß der Boden aufgebrochen, der Pflanzenrückstand untergegraben und das Unkraut beseitigt wird. Mitte des 19. Jahrhunderts erfand der amerikanische Mechaniker John Deere ein Stahlgerät, das Pflugschar und Streichbrett in einem Stück zusammenfaßt und das sich heute international durchgesetzt hat. Dieses kleine, einfache Werkstück erwies sich als ideales Gerät, um riesige Flächen zu bebauen.

In moderner Zeit gibt es viele ähnliche Beispiele. Der 1970 erfundene Silikon-Chip hat alle seine elektronischen Vorfahren verdrängt: die Vakuumröhre, den Transistor und den integrierten Schaltkreis. Dieser fingernagelgroße Mikroprozessor arbeitet besser und wirtschaftlicher als all die schwerfälligen und energieaufwendigen Geräte, die früher erforderlich waren. Diese Beispiele zeigen, daß kleine System große Erfolge haben können.

Wir haben erlebt, wie sich das Bildungssystem zu einem riesigen bürokratischen Gebilde ausgewachsen hat mit Ablegern auf bundesstaatlicher, einzelstaatlicher und kommunaler Ebene. Die Zusammenfassung kleiner Schulbezirke zu großen Schulaufsichtsbereichen hat das kleine rote Schulgebäude durch die große Mehrzweckschule ersetzt. Auf der unteren Aufsichtsebene wird die Schule vom Schulrat und seinem Mitarbeiterstab verwaltet. Die Schule selbst wird von einem Schulleiter, seinen Konrektoren, Fachbereichsleitern, Personalräten und Mentoren geführt. Dazu gibt es noch Lehrplanausschüsse, Schulbuchgenehmigungsgremien, psychologische Beratungsstellen, Fortbildungsinstitute und eine Flotte von Schulbussen, die das Einzugsgebiet der Schulen erweitern.

Erziehung informiert und klärt auf

Kürzlich schickte der Direktor einer High School im texanischen Houston den Eltern eine Einladung zu einem Informationsabend über ein neues Bildungsprogramm. Die Einladung enthielt eine Beschreibung des Programms, in der es unter anderem hieß:

> «Das schuleigene, klassenübergreifende, individualisierte Lernprogramm ist dem Prinzip des lebenslangen Lernens verpflichtet, mit dem Akzent auf einem ethnisch neutralen, wissenschaftsorientierten Lernprozeß, in dem das als intellektuell begabt diagnostizierte Kind als Agent oder Entscheidungsträger des eigenen Lernprozesses fungiert. Dabei geht es vor allem um klassenübergreifende, ethnisch neutrale Erkenntnisprozesse, in deren Mittelpunkt die Achtung vor der Würde und Besonderheit des anderen steht.»

Trotz all der bundesstaatlichen, einzelstaatlichen und kommunalen Bürokratien, trotz aller Verwaltungs- und Beratungsgremien scheinen Erziehung und Bildung noch immer im Klassenzimmer zwischen einem Lehrer und einer Gruppe von Schülern stattzufinden. Doch es hat auch den Anschein, als sei das, was zwischen Lehrern und Schülern stattfindet, nicht besser als in früheren Zeiten. Die Aufstockung durch die monströse Bildungsbürokratie hat Veränderungen mit sich gebracht. Es gibt heute mehr Kinder aus Minderheiten in den Schulen, und die Schüler bleiben länger im Bildungssystem, doch die Gesamtleistung des Systems dürfte sich nicht erhöht haben. Es verteilt die Bildungsgüter einfach dünner über eine größere Zahl von Schülern.

> «Es hat manchmal den Anschein, als versuchten wir das Ideal, ganz ohne Schulen auszukommen, mit dem demokratischen Ideal der Schulen für jedermann dadurch unter einen Hut zu bringen, daß wir uns Schulen ohne Erziehung und Bildung zulegen.»
>
> – Robert Maynard Hutchins

Heute kostet die Absolvierung des Schulsystems 25 000 Dollar pro Schüler. In den letzten zwanzig Jahren ist die Punktzahl im sprachlichen Teil des landesweit durchgeführten Schuleignungstests um dreißig Prozent gefallen. Kürzlich ist in vielen Teilen des Landes der standardisierte Test der Grundfertigkeiten wiedereingeführt worden, der einfache Lese- und Rechenaufgaben enthält und die Fähigkeit überprüft, ob die Testperson Bewerbungsschreiben aufsetzen und die Aufschriften von Konservendosen lesen kann. In einem Schulbezirk scheiterten fünfundvierzig Prozent der Kinder am mathematischen Teil des Tests und vierzehn Prozent am Leseteil. Diese mageren Ergebnisse, die sich deutlich von denen der Schulen von einst unterscheiden, zeigen, daß große, komplexe Bürokratien oft nur wenig bewegen – ein weiteres Beispiel für das Verhältnis von großem System zu kleinem Volumen.

Bildungspyramide, Fall 101

Jeder Berufsstand scheint Mitglieder zu haben, die Freude daran finden, das Einfache schwierig zu machen, wie der

1890
1+1=2
LEHRKRAFT
SCHÜLER
BILDUNG
1980
SCHULRAT
FACHBEREICHS-
LEITERIN
ÖKOTROPHOLOGE
MENTORIN
I'M O.K. YOU NEED HELP
STAR WARS
1+1+1+
1+1+
1=2
SCHULPSYCHOLOGE
LEHRKRAFT
SCHÜLER
BILDUNG

Goldbergs Flaschenöffner

Wenn Sie die Flasche (A) heben, strafft sie Schnur (B), wodurch Löffel (C) emporschnellt, der Keks (D) hochwirft. Papagei (E) springt nach Keks. Sitzstange (F) kippt nach oben und schüttet Samenkörner (G) in Eimer (H). Gewicht strafft Seil (I) und entzündet Feuerzeug (J), das Rakete (K) startet, die Sichel (L) zum Durchschneiden des Fadens (M) bringt. Stein (N) fällt auf Griff von Öffner (O), der Bierflasche öffnet.

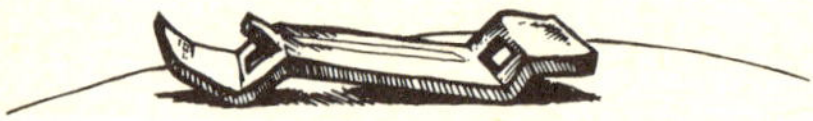

Kombinierter Dosen- und Flaschenöffner

*Lehrer, der seinen Viertkläßlern erzählte: «Ich sage euch jetzt, wie ihr euch die Schreibweise von ‹Geographie› einprägen könnt: **G**eorg **e**ndet **o**hne **G**nade **r**ücklings **a**uf **P**auls **h**ellem, **i**nteressantem **E**sel.»*

Wenn von dem Konzept der angemessenen Größe eines Systems die Rede ist, darf Aufwand oder Komplexität nicht mit Volumen verwechselt werden. Ein System kann ein großes Volumen von Äpfeln bewältigen und doch relativ einfach sein – das Verhältnis von kleinem System zu großem Volumen. Umgekehrt kann ein komplexes System unter Umständen nur ein kleines Volumen von Äpfeln bewältigen – das Verhältnis von großem System zu kleinem Volumen. Dieser Unterschied ist wesentlich für alle Aspekte der Peter-Pyramide. Natürlich sind mit wachsender Bevölkerung mehr Äpfel, Bildungsinhalte oder sonstige Produkte und Dienstleistungen erforderlich. Doch wenn ich vom Wachstum der Peter-Pyramide spreche, meine ich nicht die Erweiterung, die erforderlich wird, weil man sich auf mehr Schüler oder größere Apfelernten einstellen muß, sondern nur die Größenzunahme des Systems, die auf kompliziertere Verfahren oder bürokratische Wucherungsprozesse zurückzuführen ist.

Alte chinesische Weisheit

Offensichtlich besaßen die alten Chinesen Erkenntnisse über die gedankenlosen, sich verselbständigenden Prozesse der Bürokratie, die sich der Westen erst jetzt mühsam und schmerzlich aneignet.

Im sechsten Jahrhundert v. Chr. beschrieb Laotse, einer der großen chinesischen Philosophen, wie sich der Bürokrat durch Ziellosigkeit und Untätigkeit die Macht im Lande aneignen kann. Im «Taote-king» erklärt er:

> «Ein Staat mag mit Zucht und Ordnung regiert werden, Kriegswaffen mögen mit höchster Geschicklichkeit gehandhabt werden, doch des Reiches wird man nur habhaft werden durch die Freiheit von allem Handeln und Ziel.»

Im elften Jahrhundert schrieb Suo Dongpo, Staatsbediensteter und großer Dichter:

Anläßlich der Geburt meines Sohnes

Wird ein Kind geboren,
wünscht man es sich klug und weise.
Mit der Klugheit habe ich indessen
nur mein ganzes Leben zerstört.
Deshalb hoffe ich, das Kind
wird sich als dumm und unwissend erweisen,
damit es ein beschauliches Leben
mit einem Ministerposten krönen kann.

Warum Amtsschimmel?*

Für die bürokratischen Auswüchse hat sich im Deutschen die Bezeichnung Amtsschimmel eingebürgert. Vermutlich geht sie zurück auf die Schimmel, mit denen die Schweizer Amtsboten ihre Aufträge erledigten. Und da die Wege der Bürokratie schon damals verschlungen und den Betroffenen nicht immer einsichtig waren, war der Unmut groß – so groß, daß er auch die unschuldigen Tiere nicht verschonte. Man schlug das Roß und meinte den Reiter. Fortan wurde der Amtsschimmel zum Symbol für all die sinn- und nutzlosen Verfahren, Regeln, Vorschriften, Dienstwege und Formulare unserer Ämter und Behörden.

> Je mehr Anweisungen erteilt werden, um ein Problem zu lösen, desto schlimmer wird es.
>
> – Jack Robertson

Wenn Sie heute eine bessere Mausefalle entwickeln würden, würde man Ihnen nicht die Tür einlaufen, zumindest nicht, bevor Sie nicht allen Regierungsvorschriften zum Arbeitsrecht, den Sicherheitsbestimmungen am Arbeitsplatz, den Umweltbestimmungen einschließlich Luft- und Wasserverschmutzung und der Sicherheitsüberprüfung ihres Erzeugnisses Genüge getan hätten. Die Werbung für

* Im Englischen spricht man von «red tape». «Rotes Band» wurde früher in Großbritannien dazu benutzt, die Prozeßakten bei Gericht zu bündeln. Das englische Recht gründet sich auf Präzedenzfälle, weshalb man während eines Rechtsstreits dauernd in alten Akten nachschauen mußte. Folglich blieb den Gerichtsdienern und Anwälten nichts anderes übrig, als mit nervtötendem Zeitaufwand die roten Bänder der Aktenordner aufzudröseln und nachher wieder zuzuknoten. Kein Wunder, daß die Klienten, die auf eine Auskunft oder Entscheidung warteten, ungeduldig den Amtspersonen beim Auf- und Zuschnüren der Bänder beiwohnten und abfällige Bemerkungen machten wie: «Noch mehr rotes Band!» oder: «Je länger die roten Bänder, desto länger die Wartezeit!»

Ihre Mausefalle muß sich im rechtlichen Rahmen der Handelskommission des Bundes bewegen, und das amerikanische Justizministerium kümmert sich um Ihr Warenzeichen, Ihr Patentrecht und um die Frage, ob Sie ein Produkt herstellen dürfen, das eine Konkurrenz für die eingeführten Marken bedeutet. Da Ihnen bewußt wird, daß der Start unter diesen Umständen mit hohen Kosten verbunden ist, beschließen Sie, sich Geld durch den Verkauf von Aktien zu beschaffen. Sie stellen fest, daß Sie jetzt den Bestimmungen der Aufsichtsbehörde für den Aktien- und Wertpapiermarkt unterworfen sind. Eine Marktstudie zeigt Ihnen, daß das Mäuseproblem im Ausland größer ist. Um diese Marktchancen wahrzunehmen, brauchen Sie eine Exportgenehmigung vom amerikanischen Handelsministerium. Bei der Einstellung von Arbeitskräften sind Sie an die bundesstaatlichen Auflagen gebunden, die Diskriminierungen nach Geschlecht, Rasse und Alter verhindern sollen. Sie müssen Berichte über Sozialversicherung, Rentenversicherung, Steuern und viele andere Dinge einreichen und gleichzeitig den örtlichen Bau- und Sicherheitsbestimmungen genügen. All das müssen Sie erledigen, während Sie gleichzeitig versuchen, Ihr Unternehmen aufzubauen und zu leiten. Am Ende produzieren Sie möglicherweise mehr bürokratische Papiere als Mausefallen.

> «Ich frage mich, ob die Menschen ihre Regierung verstehen und unterstützen können, wenn deren Geschäfte so undurchsichtig werden und in einer Wolke unverständlicher Worte verschwinden.»
>
> – Jerry Brown

Eine verbesserte Mausefalle

Vielleicht finden Sie, daß Sie sich mit allzu vielen sinnlosen Volten des Amtsschimmels abfinden müssen und mit einem Papierkrieg überzogen werden, der mit Ihrem Mausefallen-Unternehmen gar nichts zu tun hat. In Ihren ruhigeren Momenten, bei ein bißchen mehr Objektivität wird Ihnen bewußt, daß Sie mit den Absichten vieler dieser Vorschriften durchaus einverstanden sind. Sie möchten nicht, daß das Trinkwasser der Gemeinde vergiftet wird, Sie verlangen für sich nicht das Recht, es zu vergiften, und Sie möchten auch nicht, daß irgend jemand anders dieses Recht bekommt. Die Ziele vieler anderer Vorschriften sehen Sie ähnlich, trotzdem gehen Ihnen all die Kunstfiguren des Amtsschimmels gegen den Strich. Sie ärgern sich darüber, daß die Dinge so bürokratisch geregelt werden. Und jedesmal, wenn eine Behörde Informationen oder Geld von Ihnen haben will, verlangt sie es sofort oder setzt eine Frist und droht mit Strafen. Wenn Sie dagegen etwas von einer Behörde möchten, reagiert sie entweder gar nicht oder schickt Sie auf die bürokratische Ochsentour.

Nationale Gesellschaft der professionellen Bürokraten meldet sich zu Wort

Als Dr. James Boren, Satiriker und Präsident der Nationalen Gesellschaft der professionellen Bürokraten, vor dem Senatsunterausschuß zur Prüfung und Beaufsichtigung öffentlicher Baumaßnahmen aussagte, war klar, daß damit ein neuer Führer an der Oberfläche der politischen Jauchegrube aufgetaucht war. Der Unterausschuß untersuchte

Auswüchse des Amtsschimmels, übermäßige Verzögerungen und besonders schlimme Erscheinungsformen des Papierkriegs. Die Anhörung hatte ergeben, daß ausufernde Richtlinien und Prüfungsverfahren die Verzögerungen beim Bau eines Autobahnabschnittes um durchschnittlich viereinhalb Jahre verlängerten. Man vermutete ferner, daß dieser wachsende Zeitverlust die Baumaßnahmen um zwölf Milliarden Dollar verteuerte. Dem Ausschuß war mitgeteilt worden, daß einige Straßenbauprojekte von zweiundsechzig verschiedenen Behörden geprüft werden müssen und daß ein einziges neues Erfordernis dem jährlichen Papierberg achtzehn Millionen Seiten hinzufügt. In der Regel braucht ein solches Projekt von seiner Genehmigung im Kongreß bis zum ersten Spatenstich siebzehn Jahre. Hierauf wurde Dr. Boren, dieses bürokratische Prachtexemplar, feierlich aufgefordert zu schwören, daß seine Aussage die Wahrheit sei, die ganze Wahrheit und nichts als die Wahrheit. Darauf erwiderte Boren unter anderem: «Wie Sie wissen, sind alle Dinge relativ, und eine so komplizierte Materie auf die simple Alternative von ‹Ja› oder ‹Nein› zu reduzieren hieße doch, sehr unbürokratisch vorzugehen... Wie wir aus der Geschichte wissen, haben sich die Menschen, die in der Regierungsverantwortung standen, stets vor der unzulässigen Vereinfachung gescheut, die in einer solchen Fragestellung steckt, wie etwa das Beispiel des römischen Prokurators Pontius Pilatus zeigt, der angesichts einer ähnlichen Frage mit einer nur allzu berechtigten Gegenfrage antwortete, nämlich: ‹Was ist Wahrheit?› Wenn Sie mir jedoch gestatten, hier eines mit aller Deutlichkeit zu sagen, so möchte ich feststellen, daß in dem Rahmen, in dem der relativ abstrakte Begriff der Wahrheit normalerweise Geltung beanspruchen kann, meine Aussage grundsätzlich und langfristig – unvorher-

sehbare Ereignisse ausgeschlossen – die Bedingungen erfüllen könnte, die in Ihrer Frage zum Ausdruck kommen.» Er beendete seine Antwort mit der Bitte, der Kommission aus Zeitgründen eine vollständige schriftliche Darlegung seiner Auffassungen zum Thema der Wahrheit unterbreiten zu dürfen.

Es folgen einige Äußerungen Dr. Borens, die im Laufe seiner Aussage und seiner Antworten auf die Fragen von Ausschußmitgliedern fielen.

«Verehrter Herr Vorsitzender, sehr geehrte Ausschußmitglieder, ich erscheine zu dieser Anhörung weder als Gegner der hervorragenden Arbeit dieses Ausschusses noch der ausgezeichneten Männer, die vor mir Zeugnis abgelegt haben. Ich erscheine zu dieser Anhörung jedoch schweren Herzens, weil mir nicht entgangen ist, wie hartnäckig der Ausschuß versucht, jene Erscheinungen zu beschneiden, die hier unter dem Stichwort ‹Amtsschimmel› zusammengefaßt werden, und jene längeren Verzögerungen zu beseitigen, die beim Bau von Autobahnen, Staudämmen und anderen Projekten der öffentlichen Hand zu beobachten sind.

Die Hartnäckigkeit, mit der der Ausschuß darauf besteht, daß etwas getan wird, verstellt ihm den Blick auf die Ästhetik der Untätigkeit.

Zahl, Art und Zeitaufwand der Durchläufe des Instanzenweges sind Schlüsselfaktoren für das unendliche Hinauszögern einer unwiderruflichen Entscheidung. Doch ich denke, das dürfte in der Aussage vor diesem Ausschuß schon erschöpfend zum Ausdruck gekommen sein.

Zählen wir denn die Schneeflocken, die einer Winterlandschaft ihre Schönheit und ihren Reiz verleihen?

Wer einem leidenschaftlichen Hinterm-Ohr-Kratzer das Papier verweigert, das dieser braucht, um die Ergeb-

nisse seines ausgiebigen Nachdenkens festzuhalten, raubt ihm das Werkzeug kreativer Untätigkeit.

Doch jeder Künstler muß die Freiheit haben, sich seine eigene Ausdrucksform zu suchen; die einen brauchen eindrucksvolle Leinwände oder Berge von Papier, um ihre Botschaft in kräftigen Strichen festzuhalten, die anderen fertigen Miniaturen oder Ein-Seiten-Memoranden an, die sich durch große Detailgenauigkeit und subtile Schönheit auszeichnen.

Ich indessen, Herr Vorsitzender und meine Damen und Herren vom Ausschuß, schlage vor, daß der Wert bürokratischen Lebens gebührend gewürdigt wird und daß man hier dem Wunsch nach mehr Papier und nicht nach weniger Ausdruck verleiht.

Was dem Maler die Leinwand ist, ist dem professionellen Bürokraten das Papier. In der Nationalen Gesellschaft der professionellen Bürokraten haben wir drei Grundsätze: 1. Hast du die Verantwortung, so grüble. 2. Bist du in Schwierigkeiten, so delegiere. 3. Hast du Zweifel, so sprich undeutlich.

Dies ist das Ziel unserer Organisation. Durch unwandelbare Treue gegenüber unseren Grundsätzen und durch die Ermutigung zum Einsatz konstruktiver Entscheidungsvertagung können wir die Häufigkeit politischen Handelns deutlich herunterfahren und so verhindern, daß Fehler gemacht werden.»

Historisch gesehen verteilt sich die Verantwortung für die Entstehung dieser weitverzweigten Domäne des Amtsschimmels auf viele Schultern. Niemand kann der Vorwurf gemacht werden, er hätte diesen Dschungel absichtlich geschaffen, doch die Mitglieder der verschiedenen Interessengruppen verlangten hier eine politische Maßnahme und dort eine Vorschrift oder Einschränkung. Wenn solche Forderungen dem politischen Prozeß und bürokratischen Ausführungsbestimmungen unterworfen werden, dann wiehert der Amtsschimmel. Selbst Gruppen, die relativ breite öffentliche Interessen zu vertreten scheinen, stehen doch nur für einen ziemlich engen Ausschnitt der politischen Belange eines Staates. Beispielsweise stellt der Eltern-Lehrer-Verband ganz andere Ansprüche an die Zukunft Amerikas als die Veteranenverbände der Kriege in Korea und Vietnam. Umweltgruppen haben eine andere Einstellung zu unseren natürlichen Ressourcen als Öl-, Kohle- und Holzgesellschaften. Es gibt so viele Gruppen und so viele verschiedene Interessen, daß das bürokratische Durcheinander kein Wunder ist.

Wissen wir, was wir wollen?

Wir sind schon seltsam. Wir verbringen unser Leben damit, Dinge zu tun, die wir nicht ausstehen können, um Geld zu verdienen, damit wir Dinge kaufen können, die wir nicht brauchen, um Eindruck auf Leute zu machen, die wir nicht mögen. Nie wollen wir das tun, was wir gerade tun. Wenn wir essen, lesen wir; wenn wir fernsehen, essen wir; wenn wir Auto fahren, hören wir Musik; wenn wir Musik hören, arbeiten wir im Haus. Wenn wir mit Freunden zusammensein wollen, gehen wir in ein lautes Restaurant. Wenn wir eine Party feiern wollen, verbringen wir den Abend mit dem Versuch, uns zu unterhalten.

Tut sich was in der Demokratie, oder tut sich nichts?

Wir wollen an einem Beispiel verfolgen, wie der demokratische Prozeß am Aufbau einer Bürokratie mitwirkt.

> «Das ganze Leben ist ein Machtspiel. Der Sinn des Spiels ist einfach genug: Man muß erkennen, was man haben möchte, und es sich holen.»
>
> – Michael Korda

Früher wurden Nahrungsmittel und Heilmittel direkt aus Naturstoffen gewonnen. Der Verbraucher konnte die Qualität der meisten Lebensmittel an ihrer Beschaffenheit, ihrem Geruch und ihrem Aussehen erkennen. Nach Einführung der modernen Verpackungsmethoden und der chemischen Nahrungszusätze kann der Kunde durch das Bild auf der Schachtel getäuscht werden, und schlimmer noch – Aussehen, Beschaffenheit, Geruch und sogar Geschmack des Produkts können chemisch verändert werden. Heute müssen wir das Kleingedruckte auf dem Etikett lesen, um zu erfahren, was in dem Produkt drin ist, deshalb versucht die Regierung uns durch gesetzliche Bestimmungen zu schützen, die die Angabe der Zusätze auf der Verpackung verlangen. Doch auch das reicht oft genug nicht aus. Der Verbraucher weiß nicht, welche chemischen Zusätze schädlich und welche Mengen gefährlich sind, bevor nicht staatliche Testergebnisse bekanntgegeben werden.

> «Das Essen ist hier so fad, man könnte eine Portion davon essen und aufstoßen, und es würde einen doch an nichts erinnern.» – Redd Foxx

Der erste staatliche Versuch, die Qualität der pharmazeutischen und chemischen Mittel festzulegen, die in Amerika verkauft wurden, war ein Gesetz, das 1848 verabschiedet wurde und das die Einfuhr versetzter und verfälschter Mittel verbot. Erst 1902 wurden den einheimischen Pharmaherstellern solche Auflagen gemacht. Die öffentliche Empörung beim Tod zweier Kinder durch ein tetanusverseuchtes Diphteriemittel zwang den Kongreß, den «Virus, Serum and Toxin Act» zu verabschieden.

> «Ich begriff, warum sie Wundermittel genannt werden – man wundert sich, weil nichts geschieht.»
>
> – HARLAN MILLER

Der «Pure Food and Drug Act» aus dem Jahre 1906 wurde eingebracht, weil die Öffentlichkeit mit Besorgnis reagierte, als unhygienische Praktiken der Fleischindustrie publik wurden und als sich erwies, daß das Fleisch zum Teil von Tieren stammte, die bei ihrer Ankunft im Schlachthof krank waren, im Sterben lagen, schon tot waren oder sich gar in Verwesung befanden.

> «Alles Interesse an Krankheit und Tod ist nur ein anderer Ausdruck für das Interesse am Leben.»
>
> – THOMAS MANN

In dem Maße, wie neue Gefahren ans Tageslicht kamen, wurden neue Vorschriften erlassen. 1937 starben mehr als hundert Menschen nach der Einnahme eines Sulfonamidelixiers, das hochgiftiges Diäthylenglykol enthielt. Daraufhin erließ der Kongreß 1938 für alle neuen Arzneimittel einen Sicherheitstest.

«Eines der neuen Wundermittel ist billig. Das ist das Wunder.» – HAROLD COFFIN

1958 wurde die Substanz Thalidomid in Deutschland entwickelt, als das ideale Beruhigungsmittel gepriesen, in zahlreiche Länder exportiert und unter dem Markenzeichen Contergan vertrieben. 1961 wurde es aus dem Markt genommen, weil ruchbar wurde, daß Tausende mißgebildeter Kinder von Müttern geboren worden waren, die während ihrer Schwangerschaft Contergan eingenommen hatten. In den Vereinigten Staaten wartete das Mittel noch auf die Genehmigung der Food and Drug Administration (FDA). Als sich herausstellte, daß nach geltender Rechtslage das Thalidomid von der FDA hätte genehmigt werden können, führte der Kongreß eine eingehende, zeitaufwendige und teure Überprüfung aller Arzneimittel ein. Heute ist die FDA eine riesige Bürokratie, zu der unter anderem die folgenden Bereiche gehören: 1. Abteilung für Lebensmittel, 2. Abteilung für Produktsicherheit, 3. Abteilung für Arzneimittel, 4. Abteilung für Veterinärmedizin, 5. Abteilung für Strahlenschutz, 6. Abteilung für Biologie, 7. Abteilung für medizinische Geräte, 8. Nationales toxikologisches Forschungszentrum und 9. Regionale Angelegenheiten.

Vollkommener Schutz

In Satellite Beach, Florida, schloß ein Beamter des Gesundheitsamtes einen Limonadenstand, der von einem elfjährigen Jungen am Straßenrand betrieben wurde. Dem

kleinen Eigentümer wurde vorgeworfen, er habe nicht den vorgeschriebenen Aufenthaltsraum für seine Gäste bieten können. Der Beamte erklärte: «Wir versuchen nur, die Gesundheit der Öffentlichkeit zu schützen; keinesfalls haben wir die Absicht, kleine Jungen zu schikanieren.»

Heute, da so viele hochwirksame, aber auch äußerst giftige Arzneimittel zur Verfügung stehen und chemische Nahrungszusätze fast die Regel sind, leistet die FDA mit der Überprüfung der Substanzen und der Veröffentlichung der Ergebnisse unentbehrliche Dienste. Bevor es die FDA gab, waren die Gerichte der einzige Schutz der Verbraucher. Die Käufer verseuchter oder giftiger Nahrungs- und Arzneimittel konnten die Hersteller oder Händler verklagen. Solche Schadensersatzforderungen im nachhinein waren recht unbefriedigend, vor allem wenn Todesfälle zu beklagen waren.

> «Ich habe keine Angst vorm Sterben, ich möchte nur nicht dabei sein, wenn es geschieht.»
>
> – Woody Allen

Würde man die Behörden zum Schutz der Öffentlichkeit abschaffen, wären wir schlechter dran, als wir es jetzt sind. Weit mehr Menschen würden durch verseuchte Nahrung, gepanschte Milch und falsch beschriftete Waren Schaden nehmen oder sterben. Ohne staatliche Auflagen würde die Umweltbelastung unvorstellbare Ausmaße annehmen.

Des Volkes Sicherheit ist das höchste Gesetz.
– MAXIME DES RÖMISCHEN RECHTS
UND DER RÖMISCHEN POLITIK

Wenn wir anerkennen, daß bestimmte staatliche Dienstleistungen unentbehrlich sind, und uns nur bemühen, die entbehrlichen Behörden abzuschaffen, stellen wir überrascht fest, wie viele Verteidiger die «überflüssige Bürokratie» besitzt. Das hat mit den besonderen Bedingungen in einer demokratischen Gesellschaft zu tun. In dem Bemühen, den äußerst verschiedenen und manchmal diametral entgegengesetzten Interessen seiner Bürger Rechnung zu tragen, schafft der Staat eine komplizierte und oft widersprüchliche Gesetzgebung. Die Angehörigen einer Nation, die aus dem Widerstand gegen eine übermächtige Regierungsgewalt – die britische Krone – geboren wurde, können sich nur schwer an den Gedanken gewöhnen, daß sie hilflos sein sollen angesichts ihrer eigenen selbstherrlichen Bürokratien.

Adressenänderung

Wenn in Illinois ein Sozialhilfeempfänger stirbt, wird er vom Sozialamt automatisch und schriftlich benachrichtigt, daß seine Zuwendungen eingestellt werden, weil er tot ist. Leider gibt es keine Unterlagen darüber, wie viele tote Sozialhilfeempfänger diese Benachrichtigung bekommen haben.

Wenn es uns nicht gefällt, wie der Staat seine Aufgaben erledigt: Haben wir eine Alternative? Wer kann besser für die Bedürfnisse der amerikanischen Nation sorgen? Chrysler? Lockheed? Die New Yorker U-Bahn-Gesellschaft?

> «Die legitime Aufgabe des Staates ist es, für eine Gemeinschaft von Menschen zu tun, was für sie getan werden muß, was sie selbst jedoch mit ihren begrenzten, individuellen Möglichkeiten nicht tun können.»
>
> – Abraham Lincoln

Wir müssen uns mit allen zur Verfügung stehenden Mitteln gegen die Selbstherrlichkeit der Bürokratie und die sinnlose Komplizierung unseres Lebens durch staatliche Organe, Wirtschaftsunternehmen und Privatorganisationen wehren. Dabei muß uns klar sein, daß es sich dabei nur um eine Teillösung oder vorbeugende Maßnahme handelt. Viele staatliche, wirtschaftliche und gesellschaftliche Einrichtungen sind notwendig. Zur Lösung der Probleme, die durch die alles überschattenden Peter-Pyramiden unserer modernen Welt geschaffen werden, müssen wir die Systeme so umgestalten, daß sie dem menschlichen Bedürfnis nach Sicherheit und Erfüllung besser dienen.

> «Wenn wir nicht aus der Geschichte lernen, werden wir gezwungen sein, sie noch einmal zu erleben. Aber wenn wir die Zukunft nicht verändern, werden wir gezwungen sein, sie zu ertragen, und das könnte schlimmer sein.»
>
> – Alvin Toffler

5
Perfekte Pyramiden

«Je komplexer das System wird, desto leichter bricht es zusammen.» – LEWIS MUMFORD

In diesem Schlußkapitel wollen wir uns mit einigen Prozessen beschäftigen, die uns bis zu einem gewissen Grade vor dem Peter-Pyramiden-Syndrom schützen können. Wir können nicht einfach alle die auf den Kopf gestellten Pyramiden abreißen, die gegenwärtig Leben, Freiheit und Glück bedrohen, und zu einer einfacheren Vergangenheit zurückkehren. Wir verdanken dem Fortschritt zu viele Vorteile, um sie einfach aufzugeben.

«Die Leute, die am lautesten irgendeiner goldenen Vergangenheit nachweinen, fahren gewöhnlich neue Autos.» – RUSSELL BAKER

Die vorgeschlagenen Lösungen sind nicht als Allheilmittel zu verstehen, die man wahllos auf jedes Problem anwenden kann, ohne es zuvor einer sorgfältigen Diagnose unterzogen zu haben. Die Diagnose liefert den Schlüssel zur Heilung.

«Die Gefahr der Vergangenheit war, daß die Menschen Sklaven wurden. Die Gefahr der Zukunft ist, daß die Menschen möglicherweise Roboter werden.» – ERICH FROMM

Wenn in einem Wirtschaftsunternehmen Schwierigkeiten auftreten, weil seine Verwaltung unter übermäßiger Bürokratisierung leidet, sich in seiner Chefetage der Ballast einer verfehlten Personalpolitik häuft, der Amtsschimmel kräftig wiehert oder sich irgendeines der anderen Symptome des Peter-Pyramiden-Syndroms zeigt, wird die Diagnose ergeben, daß Veränderungen vorgenommen werden müssen. Wenn eine Behörde unter einem bürokratischen Wasserkopf leidet oder von Verwaltungsgeschwüren daran gehindert wird, ihren Pflichten nachzukommen, mag ein chirurgischer Eingriff erforderlich sein. In diesem Falle ist jedoch der geschickte Einsatz eines Skalpells erforderlich, nicht das Dreinschlagen mit der Axt.

> «Die beste Art, ein Problem loszuwerden, ist seine Lösung.» – Brendan Francis

Von allen Mitteln, die uns zur Verfügung stehen, um die selbstgeschaffenen Pyramidenprobleme zu lösen, bietet nur unsere Fähigkeit zu schöpferischem Denken Hoffnung auf Erfolg. Nur unser Verstand mit seinen einzigartigen intellektuellen Leistungen ist zu wirklicher Problemlösung in der Lage.

> «Der lange Weg vom Material über den Gebrauch zur schöpferischen Arbeit hat nur ein Ziel – Ordnung in der hoffnungslosen Verwirrung unserer Zeit zu stiften.» – Mies van der Rohe

Die Welt ist voller Probleme. Ihre Lösungen verlangen Phantasie, den Mut zum Neuen und Kreativität. Wenn feststeht, daß es wirklich ein Problem gibt, dann nehmen wir die Dienste kreativer Menschen in Anspruch, die außerdem über den nötigen Sachverstand verfügen. Sobald das Problem gelöst ist oder sich leichter handhaben läßt, werden die kreativen durch weniger kreative Personen ersetzt. Der Kreative ist erforderlich, um Lösungen zu finden. Der Konformist ist erforderlich, um die Lösung zu institutionalisieren.

> «Autokratie ist die Herrschaft eines Mannes, Bürokratie ist die Herrschaft von Vorschriften. Im ersten Falle geht es darum, daß bestimmte Dinge geschehen, im zweiten Falle, daß alle Dinge ihre Ordnung haben.»
>
> – EUGENE E. JENNINGS

Wenn wir eine lebens- und leistungsfähige Gesellschaft haben wollen, müssen in jeder Organisation der Kreative und der Konformist vertreten sein. Der Kreative sorgt für Neuerung, Veränderung, Problemlösung. Der Konformist ist der Bürokrat, der Aufseher, der Schreibtischbeamte, zuständig für die Kontrolle und die Realisierung bekannter, vorhersagbarer und meßbarer Zielsetzungen.

> «Die Kunst des Fortschritts besteht darin, Ordnung inmitten der Veränderung zu bewahren und Veränderung inmitten der Ordnung.»
>
> – ALFRED NORTH WHITEHEAD

Die Lösung der Probleme von Systemen und Organisationen scheint demnach recht einfach zu sein: Man muß in jeder Organisation genügend Konformisten haben, die für Ordnung sorgen und die Routineaufgaben erledigen, und dazu ein paar Kreative, die für Veränderung und Verbesserung sorgen, damit nicht Sand ins Getriebe gerät und eine handlungsunfähige Bürokratie entsteht. Einige progressive Bürokraten gestatten sich ein klein wenig Phantasie, wenden sie aber nur auf bescheidene Verbesserungen bestehender Verfahren an. Die bürokratische Struktur vermag sich der Veränderung wiederholter und vorhersagbarer Arbeitsschritte anzupassen, wie sie etwa bei der Automation der Fall ist.

> «Kreatives Handeln läßt sich als Lernprozeß beschreiben, bei dem Lehrer und Schüler in derselben Person anwesend sind.» – ARTHUR KOESTLER

Die Wirkung der Bürokratie auf den Kreativen ist leicht zu beschreiben: Entweder ekelt sie ihn aus der Organisation hinaus, indem sie ihn zu langweiliger Routinearbeit zwingt oder sie erstickt seine Kreativität und läßt ihn in bürokratischer Stumpfheit versinken.

> «In einer Untersuchung zur Konfliktbewältigung in Gruppen... präsentierten die Gruppen mit einem ‹Abweichler› – jemandem, der aggressiv um die Lösung von Problemen bemüht war, und die anderen zwang, sich abweichenden Meinungen zu stellen und sie zu berücksichtigen – gründlichere Analysen der Probleme und bessere Lösungen. Als die Gruppen im nächsten Schritt aufgefordert wurden, eines der Mitglieder auszuschließen, wurde in allen Fällen der ‹Abweichler› hinausgeworfen!» – DAVID J. SICA

Die schöpferischen Persönlichkeiten, von denen jede wirkliche Veränderung und Verbesserung des Systems abhängt, werden von den zahlenmäßig überlegenen Konformisten erdrückt, die nichts als ihre Formulare, Vorschriften und immer gleichen Abläufe im Kopf haben. Der Konformist kann sehr fleißig sein und eine komplizierte Auf-

Die Wirkung der Bürokratie auf den Kreativen ist leicht zu beschreiben: Entweder ekelt sie ihn aus der Organisation hinaus, indem sie ihn zu langweiliger Routinearbeit zwingt, oder sie erstickt seine Kreativität und läßt ihn in bürokratischer Stumpfheit versinken.

gabe haben. Er muß Berge von Papier bewegen und entscheiden, in welche Kanäle die verschiedenen Schriftstücke zu leiten sind. Durch ähnliche Kanäle gelangen die Dokumente auf seinen Schreibtisch. Wenn ein Schriftstück in seine Abteilung gelangt, für dessen Behandlung es keine Präzedenzfälle gibt, bittet er um Vorschläge oder gibt es zur Prüfung weiter. Er schlägt wenig vor. Er hört zu, führt Besprechungen durch und delegiert. Er fordert Berichte an und verteilt die Routineaufgaben. Wir schätzen Fähigkeit, entscheiden uns aber meist für Beständigkeit.

> «Das eigentliche Problem ist, was man mit den Problemlösern anfangen soll, wenn das Problem gelöst ist.» – Gay Talese

Die schöpferische Persönlichkeit stellt Routineabläufe in Frage, kritisiert die Art und Weise, wie die Dinge üblicherweise getan werden, und erwägt Dinge, die noch nie zuvor getan wurden. Der Konformist fühlt sich gestört durch die Unruhe, die der Kreative in den gewohnten Gang der Dinge bringt, und der Kreative ist frustriert, weil er keine neuen Wege gehen darf. Da der Einfluß des bürokratischen Konformismus überwältigend ist, sind besondere Maßnahmen erforderlich, um die schöpferische Persönlichkeit in der Organisation zu halten.

> «Die Aufgabe schöpferischer Menschen ist es, die Beziehungen zwischen scheinbar völlig verschiedenen Gedanken, Dingen oder Ausdrucksformen zu erkennen und sie zu neuen Gestalten zu verbinden – die Fähigkeit, das scheinbar Unverbundene zu verbinden.»
> – William Plomer

Die folgenden sechs Empfehlungen betreffen Bereiche, die die besonderen Problemlösungsfähigkeiten schöpferischer Persönlichkeiten brauchen. Die ersten fünf Empfehlungen sind nicht als Lösungen für alle Probleme gedacht, die durch das Schreckgespenst der umgekehrten Pyramide heraufbeschworen werden. In einigen Fällen können sie als vorbeugende Maßnahmen angewendet werden, in anderen als Heilmittel für spezielle Gebrechen.

> «Das Schreckgespenst unserer Zeit ist das Frankensteinmonster, das wir mitzuverantworten haben, weil wir aus Bequemlichkeit zu lange geschwiegen haben. Wir haben es uns selbst zuzuschreiben, denn wir haben es genährt, indem wir die Bettdecke über den Kopf gezogen haben und hofften, die Morgendämmerung würde alle Alpträume vertreiben.»
>
> –John B. Keane

Die ersten fünf beziehen sich auch unmittelbar auf staatliche Bürokratien. Die vorgeschlagenen Mittel reichen von der Beseitigung von Behörden bis zu positiver Programm-Modifikation. Solche maßvollen Korrekturen sind häufig dem wirtschaftlichen Chaos und sozialen Schaden vorzuziehen, die durch die rücksichtslose Streichung von Regierungsprogrammen bewirkt werden.

Wege zur Leistungsfähigkeit

1. Vergeude keine Zeit mit Informationen, die nicht zur Sache gehören.
2. Wenn eine Aktennotiz unwichtig ist, zerreiß sie, bevor du sie liest.

3. Wenn der Inhalt von Umschlägen uninteressant ist, schick sie zurück, bevor du sie öffnest.

Die sechste Empfehlung – Pyramidenvereinfachung – ist auf wirtschaftliche und staatliche Organisationen jeder Größe anzuwenden. Vereinfachungen haben verbesserte Dienstleistung, Leistung und Produktivität bei verminderten Kosten zur Folge. Insofern entspricht diese Empfehlung der Vorstellung des Heilmittels eher als die ersten fünf. Die Pyramidenvereinfachung hilft nicht nur gegen das Peter-Pyramiden-Syndrom, sie bietet auch die Möglichkeit, auf eine bessere Welt hinzuarbeiten.

> «Je mehr man weiß, desto stärker vereinfacht man.»
> – Elbert Hubgard

Sehen wir uns die ersten fünf Vorbeugemaßnahmen an.

1. GEWARNT IST GEWAPPNET

Das Wissen um die Peter-Pyramide und ihre Wirkung auf Organisationen und Systeme kann schon an sich vorbeugende Wirkung haben. Viele staatliche Milliarden-Programme wären vielleicht nie über das Planungsstadium hinausgelangt, hätte man sich vorher hinreichend überlegt, wie kompliziert, kostspielig, unwirksam und sogar schädlich sie sich erweisen könnten.

So wurde der Assuan-Staudamm mit großem Kostenaufwand gebaut, um Elektrizität zu gewinnen, die den Lebensstandard der ägyptischen Bauern verbessern sollte. Leider hatte der Damm eine unerwünschte Nebenwirkung. Er verhinderte die Überflutung der Nilufer, so daß die fruchtbaren Ablagerungen im Nassersee abgesetzt wurden statt auf den Feldern der Bauern. Jetzt muß das Land künstlich gedüngt werden. Riesige Fabriken sind gebaut worden, die den Kunstdünger herstellen. Diese Fabriken haben einen enormen Elektrizitätsbedarf, so daß die Generatoren des Staudamms auf vollen Touren laufen müssen, nur um für die Erzeugung des Kunstdüngers zu arbeiten, der durch den Bau des Staudamms notwendig geworden ist.

> «China hat eine Bevölkerung, die viermal so groß ist wie die der USA, auf einem Gebiet von ungefähr der gleichen Größe. Durch intensive Landwirtschaft, bestmögliche Schonung der natürlichen Ressourcen und Wiederverwertung tierischer und menschlicher Abfallstoffe können sich die Chinesen ohne äußere Hilfe ernähren und versorgen.»
>
> – Donald MacInnis

Viele staatliche und wirtschaftliche Programme sind in der besten Absicht begonnen worden und endeten als pyramidale Subventionsgräber, als bürokratische Monster, die nicht satt zu kriegen und nicht wieder aus der Welt zu schaffen sind. Gute Absichten genügen nicht. Wir müssen lernen, die richtigen Fragen zu stellen und sie zu beantworten.

«Jahr für Jahr sind wir besser gerüstet,
die Dinge zu verwirklichen,
nach denen wir streben.
Doch wonach streben wir eigentlich?»
– Bertrand de Jouvenel

Die Pyramide wird zum Gefängnis

Der amerikanische Philosoph William James hat die Auffassung vertreten, daß ein Leben, welches auf Haben *ausgerichtet ist, weniger frei ist als ein Leben, das sich am* Tun *oder* Sein *orientiert. Unsere Lebensweise ist der beste Beweis für diese Behauptung. Wir umgeben uns mit arbeitssparenden Geräten und haben doch wenig echte Freizeit. Wir haben die fast unbeschränkte Wahl, aber selbst im Supermarkt, wo in den letzten zehn Jahren 53 000 neue Produktrichtungen, -marken, -größen und -spielarten erschienen sind, vermögen die meisten Dinge, die wir kaufen, weder unseren Lebensstandard zu verbessern noch ein wirkliches Bedürfnis zu befriedigen. Durch die Anhäufung von Besitztümern bauen wir an unserer eigenen auf den Kopf gestellten Pyramide, und je weiter sie sich ausdehnt, um so mehr wird sie uns zum Gefängnis.*

> «In unserer Jagd nach Haben, geben wir unsere Freiheit auf.» – William James

Meine Tochter hatte eine Puppe, die Ann hieß und die sie stets mit sich herumtrug. Wenn sie mit der Puppe spielte, stellte sie sich vor, Ann könnte alle die Dinge tun, die richtige Babies tun.

Meine Enkelin hat gerade eine Puppe bekommen, die in die Windeln machen kann. Sie hat schon eine ganze Anzahl von Puppen mit speziellen Funktionen. Eine war ausgerüstet mit Babynahrung, einem Löffel und einem Paket

Windeln. Eine andere hatte Badewanne, Seife und Handtuch. Zu einer dritten wurden Thermometer, Stethoskop und Medizinkoffer mitgeliefert. Zu einer Modepuppe gab es einen Kamm, eine Bürste, einen Haartrockner und sechs vollständige Garderoben. Ferner gibt es eine Sprechpuppe, eine Gehpuppe und eine Teeny-Puppe, die Brüste bekommt, wenn man ihr die Arme hebt.

Meine Tochter hatte ihre Phantasie, um zu wissen, wann ihre Puppe weinte, aß, trank, krank war oder schlief. Es gab ihr ein Gefühl der Sicherheit, daß sie eine imaginäre Freundin hatte, jemand, um den sie sich kümmern konnte. Ich halte es für wahrscheinlich, daß meine Enkelin ihre Sammlung von spezialisierten Puppen ständig erweitern wird, aber sie werden niemals ihre emotionalen Bedürfnisse befriedigen, weil man mit einem Team von Spezialisten nur schwer eine befriedigende Beziehung unterhalten kann.

2. DER KOLOSS VON BÜROKRATHOS

Einige Ereignisse sind so unglaublich, daß man sie nicht vorhersehen kann. Hätten die Gründerväter unserer Demokratie geahnt, daß sie zu einem undurchdringlichen Netz von pyramidalen Bürokratien entarten würde, hätten sie in der Verfassung wahrscheinlich Regeln verankert, nach denen kostenfressende, wirkungslose oder der Öffentlichkeit zum Nachteil gereichende Behörden und Programme aufgelöst werden können.

Westwärts

Vielleicht wissen Sie nicht, daß sich 86 Prozent des Landbesitzes von Nevada in der Hand der Bundesregierung befinden, doch vielen der ansässigen Landwirte, Viehzüchter, Erschließungsgesellschaften und Politikern ist diese Tatsache nur allzu schmerzlich bewußt. In Gestalt des Forest Service, Bureau of Land Management, National Park Service, des Verteidigungsministeriums und zahlreicher anderer staatlicher Stellen besitzt der Bund außerdem 64 Prozent von Utah, 64 Prozent von Idaho, 52 Prozent von Oregon und 45 Prozent von Kalifornien. Östlich der Rocky Mountains gehören dem Bund nur ein bis zwei Prozent des Landes. Offensichtlich haben die Bürokraten im Osten keine Hemmungen, das Land im Westen zu annektieren.

Der Mörtel, der die Peter-Pyramide der staatlichen Bürokratien zusammenhält, ist das Geld. Man beschneide die Mittel, und die ungeliebte Pyramide wird zusammenfallen.

> «Geld ist das Symbol der Pflichterfüllung, es ist die feierliche Bestätigung, daß man für die Menschheit getan hat, was die Menschheit von einem wollte.»
>
> – Samuel Butler

3. MAULWURFSHÜGEL STATT BERGEN

Jedesmal wenn der Staat etwas für den einzelnen tut, was dieser für sich selbst tun könnte, nimmt er dem Betreffenden etwas von seiner Selbständigkeit. Jeder Verwaltungsakt, der die Selbstverantwortung des Bürgers schwächt, weckt in ihm den Wunsch nach noch mehr Vorschriften. Um diese Entwicklung zu stoppen und umzukehren, sollte der Staat nur die Dinge übernehmen, die der Bürger oder Steuerzahler nicht selbst erledigen kann. Und als Bürger müssen wir bereit sein, unsere Pflichten zu übernehmen.

Chinesische Politik

Die Chinesen scheinen die Bürokratie besser als jedes andere Volk der Welt zu verstehen. Sie glauben, daß die Bürokraten ihre Büros verlassen müssen, um mit den Bürgern zu leben, denen sie dienen sollen.

Wenn die Beamten des Kultusministeriums jedes Jahr einen Monat in einer Hauptschule verbringen müßten, wenn die Beamten der Bergbaubehörde jedes Jahr einen Monat Dampf, Dunst und Dunkelheit einer Kohlenmine zu ertragen hätten oder wenn alle Bürokraten mit den Problemen leben müßten, die sie lösen sollen, und wenn sie mit den Menschen tauschen müßten, denen sie helfen sollen, würden sie wohl bereitwilliger auf unsere wirklichen Bedürfnisse eingehen.

Die Bundesregierung sollte sich nur um die Dinge kümmern, die die Regierungen der Einzelstaaten (Länder) nicht leisten können. Entsprechend sollten die einzelstaatlichen Regierungen nur die Dinge tun, zu denen Städte und Gemeinden nicht imstande sind. Dann könnte die Bürokratie des Bundes erheblich verringert werden, und auch die kopflastigen Pyramiden auf den anderen Ebenen würden schrumpfen und damit zu wesentlich stabileren Gebilden werden.

> «Die Machtkonzentration in der politischen Hauptstadt war begleitet von einem Verlust an Macht und Initiative in den kleineren Städten. Dem nationalen Ansehen wurde die Freiheit der örtlichen Selbstverwaltung geopfert.» – LEWIS MUMFORD

Obwohl eine übermäßige Zentralisierung der staatlichen Gewalt zum Anschwellen einer Bürokratie führt, die nur noch wenig Berührung mit den lokalen Problemen hat, ist doch darauf zu achten, daß die Lösung wirklich eine Stärkung der örtlichen Selbstverwaltung bringt und nicht nur eine Entschuldigung für die Kürzung von Mitteln und die Abschiebung von Verantwortung auf die nachgeordnete Ebene ist.

Untersuchungen der amerikanischen und japanischen Geschäftsführung haben wichtige Unterschiede erkennbar werden lassen. Die Firmentreue und Arbeitsleistung des japanischen Arbeiters erklärt sich vor allem aus der Haltung der Geschäftsleitung in finanziellen Krisenzeiten. Einsparungen beginnen in japanischen Unternehmen an der Firmenspitze und setzen sich dann langsam nach unten fort. Zuerst werden die Gewinnausschüttungen des Unternehmens beschnitten. Dann werden die Gehälter und Prämien des Topmanagements reduziert. Als nächstes werden Einschränkungen an den Gehältern des mittleren Managements vorgenommen. Und erst zuletzt bittet man das Fußvolk um seine Zustimmung zu Lohnkürzungen und dem Abbau von Arbeitsplätzen durch natürliche Abgänge der Belegschaft. Bevor die Firmenleitung Angestellte entläßt, versucht sie, in anderen Konzernabteilungen Arbeitsplätze für sie zu finden. Amerikanische Unternehmen beginnen bei wirtschaftlichen Schwierigkeiten mit Einsparungen auf der untersten Ebene, um sich dann langsam nach oben zu arbeiten, wobei die Spitze gewöhnlich nie erreicht wird. Die japanische Methode ist ein Mittel, um die Kopflastigkeit der Peter-Pyramide abzubauen.

> «Unsere Institutionen sind zum Scheitern verurteilt, weil sie gegen die Gesetze vernünftiger Organisation verstoßen, die ihre Verantwortlichen im übrigen gar nicht kennen, ja, denen sie sich in ihrer kulturellen Voreingenommenheit sogar verschließen, weil sie behaupten, es gebe keine Wissenschaft und könne keine geben, die in der Lage sei, solche Gesetze zu entdekken.» – Stafford Beer

4. HIER UND JETZT

Wenn wir weniger dauerhafte Behörden einrichten und statt dessen Sonderausschüsse mit interessierten Bürgern besetzen würden, könnten wir die gegenwärtige Wucherung unserer Bürokratien eindämmen. Ein Sonderausschuß, zu einem bestimmten Zeitpunkt zur Lösung eines bestimmten Problems eingesetzt, wird die eigenen Interessen weniger im Auge haben als eine Behörde, und selbst wenn das der Fall wäre, würde diese Kommission doch aufgelöst werden, wenn ihre Zeit um und ihr Bericht veröffentlicht wäre.

«Gegen den Wasserkopf der Bundesregierung in Washington schützen wir uns am besten durch mehr Köpfchen bei der Regierung der Bundesstaaten.»
– Dwight D. Eisenhower

Small is Beautiful

«Die Kultivierung und Mästung von Bedürfnissen ist die Antithese der Weisheit. Sie ist auch die Antithese der Freiheit und des Friedens», schrieb Ernst Friedrich Schumacher in seinem sehr lesenswerten Buch «Small is Beautiful» *mit dem Untertitel* Economics as if People Mattered *(Wirtschaftspolitik, als würden die Menschen eine Rolle spielen). Eine Gesellschaft, die sich darin gefällt, aus Luxusgütern ständig notwendige Gebrauchsgüter zu machen, muß der Peter-Pyramide zum Opfer fallen. Schumacher erklärt: «Wir leiden unter einer metaphysischen Krankheit, und deshalb muß auch die Behandlung metaphysischer Natur sein.» Weiter heißt es: «Es geht nicht um Wirtschaft, sondern um Kultur, nicht um Lebensstandard, sondern um Lebensqualität.»*

Als Einzelwesen steht es uns frei, uns weniger um den Lebensstandard und mehr um die Lebensqualität zu kümmern. Mit Schumachers Konzepten können wir eine unnötige Komplizierung unseres Lebens vermeiden und uns dadurch als Menschen besser entfalten.

Der interessierte Leser sei verwiesen auf die deutsche Ausgabe von «Small is Beautifull. Die Rückkehr zum menschlichen Maß» von E. F. Schumacher (Rowohlt Taschenbuch Nr. 5539).

5. EIN WORT AN DEN WEISEN

Vieles von dem, was heute selbst auf höchsten Regierungsebenen geschieht, entbehrt dessen, was man einst Weisheit nannte. Weisheit oder gesunder Menschenverstand liegt im Spektrum unserer intellektuellen Fähigkeiten irgendwo zwischen reiner Logik und Intuition. Es gab einmal eine Zeit, da galt der gesunde Menschenverstand, der sich aus der Weisheit nährte, als höchst erstrebenswerte Tugend, und wer über sie verfügte, war hochgeachtet. Benjamin Franklin wurde durch seine Schrift «Poor Richard's Almanac», eine Sammlung witziger und weiser Aphorismen, eine amerikanische Berühmtheit. Im Laufe der Zeit entwickelten die Amerikaner aus dieser populären utilitaristischen Philosophie den Common sense, den gesunden Menschenverstand, die Fähigkeit, aus genauen Beobachtungen kluge Schlüsse zu ziehen.

> «Die Wissenschaftler des 19. Jahrhunderts haben den Menschen doch tatsächlich als Homo sapiens bezeichnet – den weisen Menschen. Wie töricht von ihnen! Der Mensch ist clever, wenn man will. Er ist zerebral, intellektuell, aber nicht weise. Weisheit ist etwas ganz anderes als Cleverness.» – STANLEY SYKES

In unserem Jahrhundert haben wir die Notwendigkeit der Weisheit offensichtlich unterschätzt. Was brauchen wir die altmodische Lebensklugheit, wo wir doch Computer haben und Satelliten und Telekommunikation? Sehen Sie sich um, und die Antwort springt Ihnen ins Auge.

> «Deutlicher als zu irgendeinem anderen geschichtlichen Zeitpunkt zeichnet sich ab, daß die Menschheit am Scheideweg steht. Der eine Weg führt zu Verzweif-

lung und absoluter Hoffnungslosigkeit, der andere zur totalen Vernichtung. Beten wir um die Weisheit, richtig zu wählen.» – WOODY ALLEN

Computer leisten Erstaunliches auf dem Gebiet der Maschinenlogik, der Zahlen und mathematischen Berechnungen, sie sind jedoch hilflos, wenn es um Werturteile oder andere Dinge geht, die sich nicht zusammenzählen lassen. Wir können fast alles machen, wissen aber häufig nicht, wie wir das bewerten sollen, was wir machen. Ohne die Fähigkeiten, die uns als Menschen auszeichnen – Weisheit und gesundes Urteil –, leisten wir Dinge, die unsere Situation verschlechtern, und sind dabei noch stolz, daß wir sie so vorzüglich zu leisten vermögen.

Bewußte Einfachheit

Ziel der bewußten Einfachheit ist eine Lebensweise, die äußerlich einfach und innerlich reich ist. Umfragen zeigen, daß immer mehr Amerikaner versuchen, einfach zu leben, übertriebenen Konsum zu vermeiden und dadurch eine größere Harmonie zwischen den materiellen und immateriellen Aspekten des Lebens zu erreichen.

Jeder, der bewußt das Wachstum seiner umgekehrten Besitzpyramide begrenzt, schränkt seine Ansprüche an das gesamte Gesellschaftssystem ein und leistet damit einen Beitrag zu seiner Vereinfachung.

Wer der Versuchung widersteht, sein Leben durch überflüssigen Besitz und Schulden zu komplizieren, kann den

Teufelskreis des Konsums durchbrechen, in dem so viele gefangen sind. Unter den Anhängern dieser Bewegung der Bewußten Einfachheit sind einige der bedeutendsten Intellektuellen, Künstler und Unternehmer zu finden.

Bewußte Einfachheit ist eine Möglichkeit, sein Leben selbst zu bestimmen. Sie ist eine Möglichkeit, sich von dem zu befreien, was für einen selbst ohne Wert ist, und es durch die wirklich wichtigen Dinge zu ersetzen. Man kann nach mehr Geld, mehr Besitz und mehr Status streben, aber man kann sein Leben auch so umgestalten, daß man mehr von dem tun kann, was man möchte. Wenn Sie sich weniger um Ihren Lebensstandard und mehr um die Lebensqualität kümmern möchten, dann fragen Sie:

1. Befriedigt das, was ich kaufe, Grundbedürfnisse, oder kaufe ich viele Dinge, die mein Leben komplizieren und keinem wirklichen Bedürfnis dienen?
2. Kompliziert das, was ich kaufe, meine Lebensweise durch teure Einbau-, Betriebs- oder Reparaturkosten?

Die Menschen, die bewußt Anstrengungen unternommen haben, ihr materielles und finanzielles Dasein zu vereinfachen, haben festgestellt, daß sie jetzt mehr Zeit zur Verfügung haben, sich um die geistigen, religiösen, emotionalen und ästhetischen Aspekte ihres Lebens zu kümmern. Sie haben mehr Energie für Liebe, Freude, Abenteuer, gesunde Erholung und Naturerleben zur Verfügung. Durch größere Harmonie zwischen inneren und äußeren Werten haben sie ein besseres Gleichgewicht zwischen physischem und materiellem Wohlergehen hergestellt und ihren geistig-seelischen Zustand verbessert.

Viele der Maßnahmen, die die Probleme der Peter-Pyramiden-Bildung entschärfen könnten, sind auf den gesunden Menschenverstand angewiesen. Der gesunde Menschenverstand kann uns lehren, welche Fragen wir stellen müssen, was wir tun müssen, um die Entstehung neuer bürokratischer Peter-Pyramiden zu verhindern, welche Mittel wir beschneiden, wie wir die soziale Verantwortung, die Prioritäten, die Mittel und die Arbeitskräfte verteilen müssen.

> «Der gesunde oder gewöhnliche Menschenverstand ist ein ungewöhnliches Maß dessen, was die Welt Weisheit nennt.» – SAMUEL TAYLOR COLERIDGE

6. PYRAMIDENVEREINFACHUNG

Das Peter-Pyramiden-Syndrom stellt sich ein, wenn sich unnötige Komplikationen in den Systemen häufen, die das Staats- und Wirtschaftsleben bestimmen. Die Vereinfachung dieser Systeme beseitigt nur die überflüssigen Elemente. Es wäre sicherlich kein Zeichen von Weisheit, nun mit einem riesigen Räumbagger beizugehen und alle Pyramiden unterschiedslos einzureißen. Obwohl die bürokratischen Peter-Pyramiden unsere Abneigung und sogar unsere offene Feindseligkeit durchaus verdienen, könnte ein zu heftiger Vergeltungsschlag doch mehr Schaden anrichten als Nutzen bringen. Wir liefen Gefahr, neben den unerwünschten Elementen auch zuviel Wertvolles einzubüßen. Erforderlich ist die kundige Handhabung eines Skalpells, das die Wucherungen abträgt und die Kernstruktur freilegt, die am Anfang der Pyramide stand. Dadurch gewinnt jede Organisation an Straffheit, Stabilität und Ähnlichkeit mit der richtigstehenden Pyramide.

Bewußte Kompliziertheit

«Vielleicht gelingt es dem Menschen sogar, die Zeitbombe zu entschärfen, die er um den Hals trägt, sobald er verstanden hat, wie sie funktioniert.»
– ARTHUR KOESTLER

Vereinfachung der Technik und der Produkte

Im Laufe ihrer Geschichte ist die Menschheit die Leiter der technischen Erfolge ständig hinaufgeklettert. Wesentlich ist dieser Fortschritt der Vereinfachung des Komplizierten zu verdanken. Wir erkennen ein Problem und suchen dann nach einer Lösung. Luftgefüllte Reifen wurden entwickelt, weil Reifen aus Massivgummi die Erschütterungen in den ersten Automobilen nicht genügend dämpften. Das war eine komplizierte Lösung, die Reifen und Schläuche aus Naturgummi erforderlich machte. Jeder Wagen war ausgerüstet mit Kreuzschlüssel, Wagenheber, Luftpumpe und Reifenflickzeug. Riesige Plantagen waren erforderlich, um den Kautschuk und die Faserstoffe für die Reifenherstellung zu erzeugen. Schließlich brachte die Entwicklung des synthetischen Gummis und des schlauchlosen Reifens ein haltbareres und pannensichereres Produkt auf den Markt, für dessen Herstellung und Pflege weniger Aufwand und Material erforderlich war. Der schlauchlose Gürtelreifen ist ein Beispiel dafür, wie sich mit weniger mehr erreichen läßt – also für das Wesen der System- oder Pyramiden-Vereinfachung.

«Viele spektakuläre Fortschritte in Wissenschaft, Technik und Verwaltung beruhen auf dem Konzept der Einfachheit. Man entdeckt ein Prinzip, dank dessen sich eine komplizierte Idee oder eine komplizierte Maschine durch eine einfache Idee oder Maschine ersetzen läßt.» – Arthur B. Toan

Ein anderes Beispiel ist der Kugelschreiber. Er ist zwar nicht einfacher als die Schreibfeder, doch wenn wir den gesamten Schreibprozeß berücksichtigen und bedenken, wie groß das Bedürfnis nach einem Schreibwerkzeug ist, das man mühelos bei sich tragen kann und das ein deutliches, lesbares Schriftbild produziert, dann steht außer Frage, daß der Kugelschreiber eine große Vereinfachung bedeutet. Er macht nicht nur die Tintenfässer überflüssig, sondern vereinfacht das Schreiben auch in manch anderer Hinsicht. Man braucht keine Tinte mehr, kein Löschblatt und keinen Federwischer. Man kann jetzt ohne die Unterbrechung schreiben, die das Eintauchen ins Tintenfaß oder das Füllen des Tanks bedeutete. Auch das Ablöschen der frischen Schrift ist überflüssig geworden. So wie die Schreibfeder einfacher zu handhaben war als der altmodische Federkiel, bedeutete der Kugelschreiber eine weitere Vereinfachung des Schreibens durch den Fortfall zeitaufwendigen Beiwerks. Er leistet mehr mit weniger. Die Vereinfachung eines Prozesses ist nicht immer einfach.

«Die Welt hat sich fortentwickelt vom Draht zur drahtlosen Nachrichtenübertragung, von der Schiene zum schienenlosen Verkehr, vom Sichtbaren zum Unsichtbaren. Mehr und mehr kann mit weniger und immer weniger getan werden.»
– R. Buckminster Fuller

Vor der Entwicklung der Xeroxvervielfältigung war die Anfertigung von Fotokopien ein Verfahren, das aus mehreren Schritten bestand – unter anderem mußte unter Verwendung chemischer Flüssigkeiten ein Negativ angefertigt werden. Durch das Xerox-Verfahren wurde die Negativkopie und mit ihr eine Reihe von Arbeitsschritten überflüssig, was Material und Arbeit sparte. Wieder wird mehr mit weniger geleistet.

> «Die eine Möglichkeit, die die beste ist, ist immer die einfachste Möglichkeit – sobald man sie herausgefunden hat.» – Frank Bunker Gilbreth

Der herkömmliche Lichtschalter besteht aus festen Metallkontakten, die anfällig für Verschleiß und Pannen sind. Die Erfindung des Quecksilberschalters hat diese Probleme gelöst. Die Beseitigung des Verschleißes durch die Verwendung von Quecksilber führte zu Schaltern, die fast unbegrenzt haltbar sind.

> «Es ist die natürlichste Sache der Welt, wenn wir versuchen, die Natur mit Intelligenz und Phantasie zu verbessern.» – Brigid Brophy

Moderne Düsentriebwerke haben Propeller überflüssig gemacht und gleichzeitig Ladefähigkeit und Geschwindigkeit der Flugzeuge gesteigert. Die Polioschluckimpfung hat die oft schmerzhafte Verwendung der Injektionsnadel ersetzt. Bei bügelfreier Kleidung brauchen wir kein Bügeleisen mehr, und seit es Strumpfhosen gibt, können die Frauen auf Strumpfhalter verzichten.

> «Schöpferische Tätigkeit ist lediglich ein anderer Name für regelmäßige Tätigkeit... eine Tätigkeit wird schöpferisch, wenn ihr Urheber bemüht ist, sie richtig oder besser auszuführen.» John Updike

Durch alle diese technischen Errungenschaften haben wir mehr für weniger bekommen. Bildlich gesprochen, ist jede ein Beispiel für das Verhältnis von kleinem System zu großem Volumen.

> «Wir müssen uns die Leistungsfähigkeit und den Wert technischer Einfachheit bewußt machen und sie von jener Kompliziertheit unterscheiden, die wir allzu oft für Vollendung halten. Wir neigen dazu, eine Tatsache zu vernachlässigen, der die besten Pariser Modeschöpfer und Sir Isaac Newton stets eingedenk waren: daß die höchste Vollendung in der Einfachheit liegt.»
>
> – Thomas V. Jones

Ein Blick auf das Gesamtsystem

Obwohl eine neue Technik meist zur Vereinfachung überholter oder zu komplizierter Systeme führt, ist in einigen Fällen das Gegenteil der Fall. Eine neue Technik kann die Kompliziertheit eines Systems erhöhen, ohne seine Gesamtleistung zu verbessern. Ob ein neues Teilelement einen Prozeß vereinfacht oder kompliziert, läßt sich nur durch einen Blick auf das Gesamtsystem entscheiden. Wir müssen uns den ganzen Prozeß ansehen, seine Ziele, alle seine Teile und ihr Zusammenspiel – oder wir stehen am Ende möglicherweise vor einem höchst unerwünschten Ergebnis: einem Verhältnis von großem System zu kleinem Volumen.

> «Kompliziertheit ist für den Konstrukteur oft der Weg des geringsten Widerstandes. Sie ist das Ergebnis von mangelhaftem Wissen oder von mangelhaftem Denken. Der einfachste Weg, etwas zu tun, fällt einem nicht immer als erster ein.»
>
> – Arthur E. Raymond

In den Tagen der Segelschiffe wurde die Fracht auf Pferdewagen geladen und zum Hafen gefahren. Durch menschliche Muskelkraft wurde sie in den Laderaum des Schiffes befördert. Am Ende der Reise wurde der Prozeß umgekehrt, wenn das Schiff entladen und die Ladung gelöscht wurde. Diese Pyramide des arbeitsintensiven Be- und Entladens hatte Jahrhunderte hindurch Bestand.

> «In jeder Epoche war ‹die gute alte Zeit› ein Mythos. Denn jede Zeit hatte ihre Krisen, die unerträglich waren für die Menschen, die sie ertragen mußten.»
> – Brooks Atkinson

Als zur Ladungspyramide Züge, Lastwagen und Dampfschiffe mit Motorwinden hinzukamen, wurde sie technisch immer komplizierter. Die Fracht wurde von Hand auf Lastwagen geladen und in Lagerhäuser gefahren, wo sie abgeladen und verstaut wurde. Später wurde sie wieder hervorgeholt und auf Güterwagen verladen, um zu den Hafenanlagen geschafft zu werden. Hier wartete sie in Frachtschuppen, bis das Schiff fertig und der Laderaum frei war. Dann wurde sie von Schauerleuten in Handkarren oder von einem dampfgetriebenen Kran ans Ende der Landungsbrücke befördert, wo sie wieder von Hand im Laderaum des Schiffes verstaut wurde. Im Bestimmungshafen umfaßte das Entladen ebenso viele Schritte wie das Beladen. Im Rahmen des Gesamtsystems wurde jedes Frachtstück viele Male von vielen Menschen bewegt.

> «Ich habe in meinem Leben wenige Menschen getroffen, die von harter Arbeit begeistert waren. Zu meinem Glück waren es stets Menschen, für die ich gerade arbeitete.»
> – Bill Gold

Durch die Erfindung des Normcontainers wurde es möglich, die Güter einmal zu verpacken, den ganzen Container mit einem Sattelschlepper oder Güterwagen zum Frachter zu befördern und ihn erst an seinem Bestimmungsort auszupacken. Durch den Container genießt die Fracht auf dem ganzen Beförderungsweg einen besseren Schutz. Diebstähle und Beschädigungen durch Erschütterung, Wind, Regen und Salzwasser sind zurückgegangen. Arbeitsaufwand, Ladezeiten und Frachtverluste betragen nur einen Bruchteil früherer Werte.

«Entscheidend ist, daß man nicht aufhört zu fragen.»
– Albert Einstein

Der Container selbst sah eigentlich nach einer relativ bescheidenen Neuerung aus. Er war nur ein Güterwaggon oder Lastwagen ohne Räder, doch das Gesamtkonzept bedeutete eine Revolution des Frachtverkehrs. Der neue Normcontainer ersetzte eine Reihe kostenaufwendiger Teilelemente in der Frachtpyramide, unter anderen die Ladefläche des Lastwagens, den Güterwagen, das Lagerhaus und den Frachtschuppen im Hafen. Außerdem vergrößerte er die Deckladekapazität des traditionellen Frachters und ermöglichte die Entwicklung der leistungsfähigen und kostengünstigen Containerschiffe. Ein genormtes Teilelement ersetzte vier wesentliche und viele zusätzliche Elemente und erledigte die Arbeit, und zwar billiger, schneller, leichter und besser.

Verwaltungsvereinfachung

Alle Konzepte, die in diesen Beispielen für Produkt- und Prozeßvereinfachung verwendet wurden, lassen sich auch auf wirtschaftliche und staatliche Organisationen anwenden. Das übergeordnete Ziel der Vereinfachung von Verwaltungspyramiden lautet, mehr mit weniger zu leisten – das heißt, den Amtsschimmel an die Kandare zu nehmen, die Verwaltungswege zu straffen, Funktionshemmnisse und Verzögerungen zu beseitigen und die gesamte Arbeit billiger, schneller, leichter und besser zu erledigen – ein Verhältnis von kleinem System zu großem Volumen zu schaffen.

> «Man muß sich vor den Ingenieuren hüten – sie beginnen mit Nähmaschinen und enden bei der Atombombe.» – MARCEL PAGNOL

Um diese Art von Vereinfachung zu verstehen, müssen wir die Pyramide als System begreifen. Doch die Leistungsfähigkeit der Verwaltung ist weit schwieriger und unübersichtlicher als technische Vereinfachung, wo die konkreten Teile, der Prozeß und das Produkt sichtbar sind.

Eine vereinfachte Maschine hat keine überflüssigen Teile. Wir können sehen, daß die meisten Reifen keine Schläuche mehr haben und die Düsenflugzeuge keine Propeller. Weit schwieriger indessen ist es herauszufinden, ob eine Verwaltungsprozedur, ein Gesetz oder eine Vorschrift für die Leitung eines Unternehmens oder einer Behörde erforderlich sind.

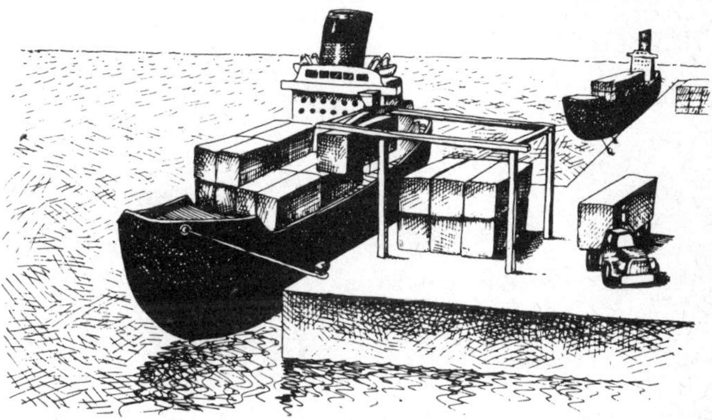

«Jeder drittklassige Ingenieur oder Wissenschaftler kann mehr Kompliziertheit in die Welt setzen; doch man muß ein Gespür für wirkliche Erkenntnis haben, um die Dinge wieder einfach zu machen.»

– Ernst Friedrich Schumacher

> «Und es gibt keine Größe, wo nicht Einfachheit, Güte und Wahrheit herrschen.» – LEO TOLSTOI

Ein Ziel bei der Verbesserung einer Maschine oder eines Arbeitsprozesses besteht darin, mehr Output zu erhalten. Würde man die Leistung einer Verwaltung oder einer Geschäftsleitung nach diesem Gesichtspunkt bewerten, so könnte das die Entstehung einer bürokratischen Peter-Pyramide eher begünstigen. Ein erhöhter Arbeitsausstoß, mehr Statistiken, ein höherer Papierberg und mehr bearbeitete Fälle müssen nicht unbedingt etwas über die Gesamtleistung des Verwaltungssystems aussagen. Die Abfassung von noch mehr Berichten, die nicht gelesen oder verstanden werden, sind nur noch mehr Sand im Getriebe. Die Sammlung von zu vielen oder überflüssigen Daten beeinträchtigt die Rentabilität und Leistungsfähigkeit eines Büros. Der wahllose Auswurf unverdauter statistischer Daten schafft Verwirrung und Mißverständnisse.

> «Genau die Technik, die unser Leben einfach macht, macht die Gesellschaft kompliziert. Je tüchtiger wir werden, desto spezialisierter und abhängiger werden wir auch.» – THOMAS GRIFFITH

Ein Hauptproblem der Verwaltung liegt darin, daß die Fähigkeit eines Direktors oder Büroleiters ein im wesentlichen abstrakter Begriff ist. Ein Direktor oder Verwaltungschef müßte dafür bezahlt werden, zu denken, zu entscheiden und anzuordnen. Er müßte in erster Linie mit Abstraktionen zu tun haben, mit Begriffen, Annahmen und Werten.

> «Aus höchster Kompliziertheit erwächst höchste Einfachheit.» – WINSTON CHURCHILL

Bürokraten, Direktoren und Manager haben die Neigung, sich mit Dingen zu beschäftigen, die ihnen das Nachdenken und die begriffliche Anstrengung ersparen, die erforderlich wären, um ein Höchstmaß an Vereinfachung und Leistungsfähigkeit in ihren Unternehmen und Behörden zu erreichen. Viele verbringen ihre Zeit damit, sich unter Bergen von Papier zu begraben, Tagungen zu besuchen, Besprechungen abzuhalten, unzählige Anrufe zu beantworten und auf überfällige Berichte zu warten. Nur einen Bruchteil seiner Zeit verbringt der Bürokrat oder Manager tatsächlich mit dem Nachdenken über Neuerungen oder Systemverbesserungen.

> «Der Mensch, der begonnen hat, nach innen ernsthafter zu leben, beginnt, nach außen einfacher zu leben.» – Ernest Hemingway

Diese Führungslücke wird heute durch eine Flut exotischer elektronischer und computergesteuerter Büromaschinen, Mikrocomputer sowie Text- und Datenverarbeitungssystemen gefüllt. Diese Verarbeitungssysteme können Informationen empfangen, aussenden und sogar auf Befehl einer Telefonstimme erzeugen. Sie sind mit der Datenbank einer EDV-Großanlage verbunden, die Berichte und Forschungsdaten automatisch anfertigt, speichert und abruft. So leistungsfähig diese elektronischen Wunderwerke sind und so vielfältig ihre Möglichkeiten, so groß ist anderseits auch ihre Anfälligkeit für die Krankheiten der Peter-Pyramide. Wenn ein Unternehmen oder eine Behörde mit Computer, Textverarbeitungssystem, Xerox-Kopierer und elektronischer Adressenkartei ausgerüstet ist, vermag sie, ihren Ausstoß an überflüssigen Berichten, sinnlosen Statistiken und witzlosen Aktennotizen ins

Im Industriezeitalter konnte ein Hemmschuh im Räderwerk die Maschine zum Stillstand bringen. Im Computerzeitalter kann er die Welt zum Stillstand bringen.

Unermeßliche zu steigern. In den Händen eines privatwirtschaftlichen oder staatlichen Bürokraten, der dem Prinzip der Pyramidenvereinfachung nicht verpflichtet ist, wird der Computer zum Ungeheuer mit unersättlichem Datenhunger. Das Datensystem dient dazu, das Ungeheuer zu befriedigen, und Sie selbst sind die Quelle dieser Daten.

> «Jeder, der den Mut hat, die Vorstellung in Frage zu stellen, daß in ein paar Jahren die Ersetzung des menschlichen Gehirns die Schlüsselindustrie unseres Landes sein wird, läuft Gefahr, daß sein Gehirn zu den ersten gehört, die ersetzt werden.» – SIMON RAMO

Kleine Anfänge

Keine Frage, daß die moderne Technik einige Pyramidensysteme erheblich verbessert hat und damit unseren Alltag beeinflußt. Die Büchereien einiger Städte haben heute ihre Kataloge auf Mikrofilmen und Mikrokarten und nicht mehr auf Karteikarten. In einigen Büchereien kann man sogar auf der Mikrokarte feststellen, ob das Buch überhaupt im gesamten Bibliothekssystem vorhanden ist und wenn, in welcher Bücherei, so daß man es über die Fernausleihe bestellen kann. Weniger Zeitaufwand und mehr Dienstleistung.

> «Wir verzetteln unser Leben mit Einzelheiten ... Vereinfachen wir, vereinfachen wir!»
> – HENRY DAVID THOREAU

Dank dem Computer können unfallfreie Autofahrer in einigen Staaten ihren Führerschein per Post verlängern, ohne lange in der Verkehrsbehörde anstehen zu müssen. Weniger Zeit, mehr Dienstleistung.

> «Alles, was sich ein Mensch vorstellen kann, können andere Menschen zur Wirklichkeit werden lassen.»
>
> – Jules Verne

Dank dem Computer können die Wähler einiger Staaten die Änderung ihrer Wahladresse per Post bekannt geben, statt sich zum Ordnungsamt zu begeben. Abermals weniger Zeit und mehr Dienstleistung.

> «Der Computer ist keineswegs intelligent, sondern äußerst dumm, und gerade dies ist einer seiner großen Vorzüge – seine blinde Dummheit.»
>
> – Sidney Lamb

Im kalifornischen Fresno sind viele Bereiche der Stadtplanung automatisiert worden. Ein Computer, der mit Informationen über Bevölkerungsdichte, Bauland und andere relevante Daten gefüttert wird, kann Bauerlaubnisentscheidungen rascher, objektiver und sinnvoller treffen als viele Angestellte, die über den Informationen einer Kartei brüten. So hat die Stadtplanung eine umfassendere und aktuellere Informationsbasis, und die Information wird vollständiger und rascher integriert, als es das menschliche Gehirn könnte. Die fortschrittliche Technik vereinfacht den Planungsprozeß für die Angestellten und leistet die Arbeit besser und befriedigender – so daß es zu mehr vernünftigen Entscheidungen mit weniger Bürokratie kommt.

«Von einer naiven Einfachheit gelangen wir zu einer tieferen Einfachheit.» – ALBERT SCHWEITZER

Ein Blick aus der Vogelperspektive auf den Verkehrsfluß einer Großstadtstraße zeigt, daß sich die Fahrzeuge in Schüben vorwärtsbewegen, die durch die Ampeln verursacht werden. Einen Großteil der Zeit sind die Fahrzeuge nicht in Bewegung, sondern warten auf grünes Licht oder auf Vorfahrt. Die Zeit, während der die Fahrzeuge auf ihren Fahrspuren stehen, weil sie an der Ampel warten, plus der Zeit, die sie für das Anfahren und Abstoppen brauchen, zuzüglich der Verzögerung, die durch liegengebliebene Fahrzeuge verursacht wird, ergibt die Zeit, während der die Straße nicht restlos ihrem eigentlichen Zweck dienen kann, nämlich für fließenden Verkehr zu sorgen. Wenn der Verkehr so gelenkt werden könnte, daß er in Fluß bliebe, statt ständig anzuhalten und sich wieder in Gang zu setzen, könnte eine Straße wesentlich mehr Fahrzeuge bewältigen, ohne daß man mehr Spuren anlegen müßte, wodurch man mehr mit weniger erreichen würde.

«Hauptverkehrszeit: die Zeit, zu der fast kein Verkehr mehr stattfindet.» – J. B. MORTON

In Baltimore hat man das durch ein System erreicht, durch das unnötiges Anhalten vermieden wird. Wenn ein Fahrzeug über eine Spule rollt, die unter der Fahrbahn eingelassen ist, wird ein elektromagnetischer Strom erzeugt, der über das normale Telefonnetz an einen Zentralcomputer weitergeleitet wird. Der Computer bekommt die Information, daß sich ein Fahrzeug einer Kreuzung nähert. Nun steuert er die Ampeln so, daß sie den Bedürfnissen der tatsächlich auf der Straße befindlichen Fahrzeuge entsprechen. Die Ampeln lassen sich nach einem veränderlichen Zeitplan schalten, der vom Verkehrsaufkommen auf den einzelnen Spuren gesteuert wird. Die Lichtzeichen für Rechts- und Linksabbieger werden entsprechend dem Verkehr auf den Abbiegespuren geschaltet. Dadurch wird die Verkehrskapazität der Straße maximal gesteigert, das Fahren vereinfacht, Benzin gespart, die Zahl der Unfälle verringert, die Fahrzeit verkürzt und die Anzahl der erforderlichen Verkehrspolizisten vermindert. Die Straßen können ein größeres Verkehrsaufkommen besser und sicherer bewältigen, indem man ihre Verkehrskapazität, nicht sie selbst vergrößert – mehr wird durch weniger erreicht.

> «Diese neue Entwicklung, die Automation, besitzt unbegrenzte Möglichkeiten zum Guten wie zum Bösen.»
> – Norbert Wiener

Diese Beispiele der erfolgreichen Anwendung der Systemanalyse auf Probleme der Stadt- und Verkehrsplanung vor Augen, wollen wir jetzt den nächsten Schritt tun und die Systemvereinfachung auf bürokratisch-verwaltungstechnische Probleme anwenden.

> «Ordnung und Vereinfachung sind die ersten Schritte zur Bewältigung eines Gegenstandes.»
> – Thomas Mann

Digitales und analoges Denken

Der Computer und seine vielen elektronischen Zusatzgeräte zur Automatisierung der Büroarbeit könnten wesentlich zu einer Vereinfachung des Verwaltungssystems beitragen, doch nur wenn sich die leitenden Angestellten und Bürokraten bewußt sind, welche Gefahr darin liegt, Werturteile durch Computerausdrucke zu ersetzen. Diese beiden Ebenen kann man als digital und analog bezeichnen.

> «Rechenmaschinen können vielleicht die Arbeit von einem Dutzend gewöhnlicher Menschen leisten, aber es gibt keine Maschine, die die Arbeit eines außergewöhnlichen Menschen zu leisten vermag.»
>
> – E. B. White

Ihren größten Beitrag zur Systemvereinfachung leisten der Computer und die anderen elektronischen Geräte auf der digitalen Ebene. Ein Computer kann riesige Datenmengen sehr rasch verarbeiten und sie in gedrängter Form präsentieren, so daß die Entscheidung auf einer besseren Informationsbasis gefällt werden kann. Die Möglichkeiten der Büroautomatisierung sind ausgeschöpft, wenn die Leistung einer Abteilung so in das System integriert wird, daß dessen Gesamtleistung wächst, und wenn sich die Arbeit dieser Abteilung nahtlos mit den Abläufen und Geräten der anderen Abteilungen verbindet. Bei mangelhafter oder falscher Verwendung wäre die beste Ausrüstung wie eine Raumfähre, die Abteilungsleiter benutzen, um sich ihre Aktennotizen zuzuschicken.

> «Für den Charakter, die Manieren, den Stil, für alle Dinge gilt, daß in der Einfachheit die höchste Vollendung liegt.»
>
> – Henry Wadsworth Longfellow

Als Hilfe für die Entscheidungen, die ich im Laufe eines Tages zu treffen habe, ziehe ich eine Analoguhr einer Digitaluhr vor. Die Analoguhr hat einen Stunden- und einen Minutenzeiger, die auf die Zeit hinweisen. Die Digitaluhr liefert eine direkte numerische Angabe. Ein Blick auf meine Analoguhr sagt mir, daß es neun Uhr achtundvierzig ist. Der Stellung der Zeiger kann ich außerdem entnehmen, daß ich noch zwölf Minuten bis zu meiner Verabredung um zehn habe, und an der Stellung der Zeiger sehe ich ferner, daß es dreiunddreißig Minuten her ist, seit ich um neun Uhr fünfzehn zu Hause aufgebrochen bin. Es ist zwar schwerer, die Analoguhr zu lesen und zu verstehen, als sich mit der numerischen Anzeige einer Digitaluhr vertraut zu machen, doch die Analoguhr gibt mir sehr viel mehr an als nur die Tageszeit.

> «Die Amerikaner haben mehr zeitsparende Geräte und weniger Zeit als irgendein anderes Volk der Welt.»
> – Duncan Caldwell

Die Digitaluhr gibt mir nur eine einzige Information, die numerische Zeit. Wenn ich wissen will, wieviel Zeit mir noch bis zu meiner Verabredung bleibt oder wie lange ich schon unterwegs bin, muß ich es im Kopf ausrechnen. Meine Analoguhr liefert mir alle diese Informationen auf einen Blick, so daß ich zu den richtigen Werturteilen und Entscheidungen hinsichtlich meines Verhaltens während der nächsten zwölf Minuten gelangen kann.

> «Weisheit meint die Verfolgung der besten Zwecke mit den besten Mitteln.» – Francis Hutcheson

Analoguhr

Digitaluhr

Durch analoges Denken bekommt man das Gesamtsystem in den Blick, was weit über die Grenzen des digitalen Denkens hinausgeht. Ich fahre mit meinem Auto auf der mittleren Spur einer dreispurigen südlichen Ausfallstraße mit sechzig Stundenkilometern. Diese digitale Information sagt mir, daß ich mit einer hinreichend sicheren, gesetzlich erlaubten Geschwindigkeit fahre. Der Lastwagen vor mir geht mit dem Tempo herunter. Ich habe drei Möglichkeiten, abgesehen von der, in den Lastwagen hineinzufahren. Ich kann die Bremsen betätigen und ebenfalls mit der Geschwindigkeit heruntergehen. Oder ich kann versuchen, auf der linken oder der rechten Spur an dem Lastwagen vorbeizufahren. Meine Wahrnehmungen bezüglich des Verkehrs auf diesen Spuren, der Geschwindigkeit des heranrollenden Verkehrs, der Lücken, die sich in ihm auftun, der Fahrbahnverhältnisse – sie alle werden meine Entscheidung beeinflussen. Die Wahl einer der drei Möglichkeiten beruht auf einer Analogentscheidung, einem Werturteil, und läßt sich nicht durch einen Blick auf den Tacho erledigen.

> «Die Menschen müssen wissen, was sie nicht tun werden, dann können sie sich energisch dem zuwenden, was sie tun müssen.» – Meng tzu, konfuzianischer Philosoph, 372–289 v. Chr.

Auf der Ebene der analogen Entscheidung oder des Werturteils müssen alle Teilbereiche (der menschliche, elektronische, mechanische und verfahrenstechnische) zueinander in Beziehung gesetzt werden, um das Gesamtsystem vernünftig zu steuern. Ein effektives System voneinander abhängiger Teile ist mehr als die Summe seiner Teile. Es ist ebenso unwahrscheinlich, daß sich durch das Zusammenstückeln von Einzelteilen eine zusammenhängende Einheit herstellen läßt, wie ausgeschlossen werden kann, daß das sprichwörtliche Team von Schimpansen durch das zufällige Anschlagen Zehntausender Schreibmaschinen das Wort *Hamlet* zustande bringt. Verwaltungsverbesserungen lassen sich am besten von oben nach unten einführen. Wenn die leitenden Angestellten für die Vereinfachung und Verbesserung ihrer Pyramiden verantwortlich sind, motiviert sie das in hohem Maße. Ohne den Blick auf das Gesamtsystem und ohne Interesse für Pyramidenvereinfachung kommen unter Umständen Verfahrensverbesserungen heraus, die kaum irgendeine Bedeutung für die Gesamtleistung haben – vergleichbar etwa mit dem Umstellen der Liegestühle an Deck der sinkenden «Titanic».

> «Besser, man hat zehn Prozent Erfolg bei der Erreichung eines lohnenden Ziels als hundert Prozent Erfolg bei einem nutzlosen Ziel.» – Sid Taylor

Bei der Vereinfachung, die die sinnlose Wucherung der Peter-Pyramide zum Halten und zur Umkehr bringt, liefert das analoge Denken die Werte, Zwecke, Prioritäten, Ideen, Prinzipien, Möglichkeiten und Risiken sowie das Konzept der Pyramidenvereinfachung. Das digitale Denken stützt sich auf Daten, Zahlen, Mittelwerte, Verhältnisse, Formeln, Wahrscheinlichkeiten und andere statistische Größen.

> «Wenn man Unsinn in einen Computer steckt, kommt nichts als Unsinn heraus. Doch da dieser Unsinn durch eine sehr teure Maschine gelaufen ist, ist er gewissermaßen geadelt, und niemand wagt ihn mehr zu kritisieren.» – Pierre Gallois

Sowohl das analoge als auch das digitale Denken ist im Entscheidungsprozeß erforderlich, wenn er zu ausgewogenen Urteilen führen soll. Wenn wir bei der Lösung der Probleme von Gesamtsystemen alle Möglichkeiten ausschöpfen, die uns bei der Entscheidungsfindung zur Verfügung stehen – die menschlichen und die elektronischen –, können wir wesentlich klarere, einfachere und bessere Resultate erzielen.

> «Ohne korrektes Denken kann es überhaupt kein Handeln geben, und wenn das Denken korrekt ist, wird auch das Handeln richtig sein.»
>
> – Henry George

Durch Vereinfachung zum Erfolg

In der Neuzeit hat noch keine Regierung entdeckt, wie sich die Peter-Pyramiden der Bürokratie vereinfachen lassen. Wenige haben bisher den Versuch unternommen, wenn auch Ansätze zu beobachten sind. Wie im Falle der technischen und der Produktvereinfachung werden sicherlich wirksamere und leistungsfähigere Methoden entdeckt, sobald der Prozeß der Pyramidenvereinfachung erst einmal eingeleitet ist.

> «Ich bin für eine Regierung von äußerst genügsamem und einfachem Zuschnitt.» – Thomas Jefferson

Die alles umschlingenden bürokratischen Wucherungen vor Augen, die Gefahren der Peter-Pyramide klar im Bewußtsein und entschlossen zu den Lösungen der Pyramidenvereinfachung – so laßt uns die ersten sein, die sich um ein System bemühen das wirtschaftlicher, leichter zu handhaben, weniger anfällig für Fehler und leistungsfähiger ist.

Durch Vereinfachung zum Erfolg